全球教练经典译丛

THE COACH-APPROACH LEADER

Questions, Not Answers, Make Great Leaders

教练型领导

用提问帮助和领导团队

（修订本）

[美] 史蒂夫·格莱迪斯（Steve Gladis）著

王 玮 仲方亮 译

電子工業出版社

Publishing House of Electronics Industry

北京·BEIJING

Steve Gladis: The Coach-Approach Leader: Questions, Not Answers, Make Great Leaders
ISBN: 978-1610142519

版权贸易合同登记号　图字：01-2014-4176

图书在版编目（CIP）数据

教练型领导：用提问帮助和领导团队：修订本 /（美）史蒂夫·格莱迪斯（Steve Gladis）著；王玮，仲方亮译. —北京：电子工业出版社，2020.7
（全球教练经典译丛）
书名原文：The Coach-Approach Leader: Questions, Not Answers, Make Great Leaders
ISBN 978-7-121-39179-8

Ⅰ. ①教… Ⅱ. ①史… ②王… ③仲… Ⅲ. ①企业领导学 Ⅳ. ①F272.91

中国版本图书馆 CIP 数据核字(2020)第 113628 号

责任编辑：杨洪军
印　　刷：涿州市般润文化传播有限公司
装　　订：涿州市般润文化传播有限公司
出版发行：电子工业出版社
　　　　　北京市海淀区万寿路 173 信箱　邮编 100036
开　　本：720×1000　1/16　印张：11.75　字数：151 千字
版　　次：2016 年 1 月第 1 版
　　　　　2020 年 7 月第 2 版
印　　次：2024 年 8 月第 13 次印刷
定　　价：49.00 元

凡所购买电子工业出版社图书有缺损问题，请向购买书店调换。若书店售缺，请与本社发行部联系，联系及邮购电话：（010）88254888，88258888。
质量投诉请发邮件至 zlts@phei.com.cn，盗版侵权举报请发邮件至 dbqq@phei.com.cn。
本书咨询联系方式：（010）88254199，sjb@phei.com.cn。

声　明

引言

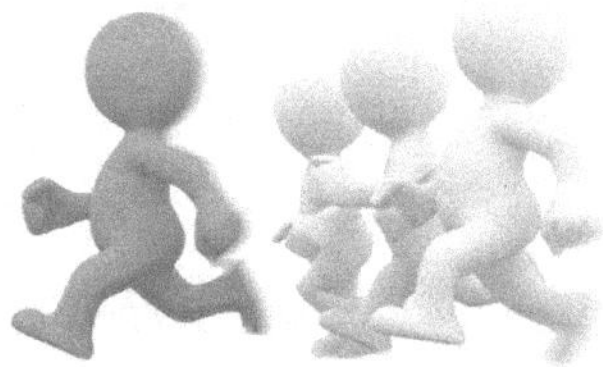

本书为这些人而著：营利或非营利组织的领导人，他们必须做出决策，带领团队，组织产品生产或提供某种服务。我曾经在政府、私人企业、军队及非营利组织中担任过领导职务，因此我清楚地知道，在经常出现极端情况的条件下，作为领导者既要培养员工，又要创造收入、支付运营成本等。要完成这些艰巨的任务，必须付出巨大的成本。

作为一名专职讲授领导力和沟通的教授，并且在学术和企业领域都有过多年实践，我可以大胆地说："本书中阐述的关键原则，是我所知道的最有效的领导力准则，也是培养未来全新领导者的最好方法。"

当然我会让您来判断我所说的是否属实，希望您直接将宝贵意见发给我。

本书分为以下两个部分。

第 1 部分介绍何谓教练式领导。这部分的内容就像您在《哈佛商业评论》、《培训与发展》或类似的管理杂志中读到的一篇文章，我希望您会觉得它通俗易懂，有趣且有阅读价值，与我在课堂上讲授具有同样的效果。

第 2 部分讲述了一个运用领导力解决问题的虚拟案例。这是一个虚构的案例分析，教读者如何在现实生活中运用教练式领导力。多年来我一直在教授教练之道，重点针对企业和政府客户。这是一个虚拟的情景演示，汇集了各种现实中可能遇到的环境和经历，事件和人物都是根据情节需要虚构的。虚拟情景演示的价值并不是作为行为指导和思维指导工具，而是为了帮助读者回忆自己的经历，梳理复杂的信息，引导他们顺利看完、领会整个故事，从而给别人以指导。

本书可供公司全体人员——从库房工作人员到董事会成员——阅读，从而使大家对“领导力”这项对公司中的各级组织来说，在任何时候都最为重要的能力，具有统一的认识。

目录

第1部分　教练式领导　/1

1 教练流程的关键因素　/5

2 如何运用教练流程　/20

3 如何在团队中应用教练式沟通　/28

4 领导力即时团队教练法　/31

5 领导力行动学习团队教练法　/40

6 总结　/49

第2部分　虚拟案例　/ 51

1　面试　/ 52

2　员工大会　/ 62

3　上课　/ 75

4　危机　/ 85

5　会面　/ 96

6　声明　/ 100

7　第一次试验　/ 110

8　晚餐　/ 130

9　愿景　/ 135

10　一决胜负　/ 144

11　病情的发展　/ 150

12　变化　/ 156

13　计划　/ 162

14　尾声　/ 168

作者的专业领域　/ 171

作者其他著作介绍　/ 174

第1部分

教练式领导

你的门外排起了长队，你的下属等着和你讨论他们正在面对的火烧眉毛的事情或问题。一天下来，你提了太多建议，精疲力竭。第二天，这种情况重演，人们都想从你这儿获得答案。

事实上，从上学时起，我们就被灌输“凡事要找到正确的答案”这一思想，我称其为“答案型人生综合征”。我的作业得了 5 分（好评），考试得了高分，甚至工作中获得了升职，都基于答对了题目这一前提。问题出现了：当你在领导力的阶梯上向上攀爬时，面对众多领域的问题，你都需要做出准确的决断，但你不可能对每个问题都给出答案。最终，所有领导者都会发现这一点。于是，有些领导者会寻找一个更高水平的教练来帮助他们劈波斩浪。

尽管领导力教练不再是新鲜事物，但人们对它的认识仍然模糊，甚至觉得神秘。人们关于领导力教练存在大量的错误认知，其中最有代表性的是，教练会给客户提供建议，提升客户的工作效率，使他们的公司盈利性更强。事实上，考虑到成功的教练拥有大量客户，他们的客户涉及众多不同的专业领域（医药、法律、金融、技术及其他领域），对任何一个教练而言，他不可能对所有领域都有足够的了解并能够提供合理的建议。另外，成功的专业教练肯定掌握了一套方法，能够推动客户走向持续的成功，不论这个客户身处哪个领域。

简而言之，好的教练掌握教练方法，而客户了解专业内容。这是“教练与客户”关系中二者关键的区别，也是“教练方式”和“咨询方式”的本质区别。

对领导者来说，当需要时接受教练的指导，和作为教练指导那些带着亟待解决的问题来找他的直接下属同等重要。

为什么这么说？有以下三个原因。

（1）教练提供可靠的流程，帮助我们面对不同复杂程度的事件或话题，筛选要点问题。

（2）教练使我们放慢思维。教练是一个基于问题的方法，它让我们慢下来，特别是当考虑关键问题时，使我们的思考全面而慎重。

（3）教练让我们的工作变得简单，你不再需要背负知道所有答案的压力。只要掌握流程，你的提问就会帮助别人找到答案。要知道，这可是一个简单易学的流程！

感觉怎么样？既能使你受益匪浅又简单易学，学习 “教练”是个物有所值的建议吧？况且，你的付出肯定能得到回报：如果你教练得法，一段时间之后，正确的流程就会带来好的结果。

现在，让我们看一下后面涉及的核心内容。

- 教练流程的关键因素。
- 如何运用教练流程。
- 如何在团队中应用教练式沟通。
- 领导力即时团队教练法。
- 领导力行动学习团队教练法。

1

教练流程的关键因素

很多人都直接或间接地从军队学到了领导力的基本技能。“指挥与控制”的领导模式已经在美国历史上留下了深深的烙印，并且深刻地影响着当代领导力学说。权威是影响力的六个关键因素之一，罗伯特·西奥迪尼认为权威能够有力地影响人们的选择。权威之所以能够影响人们的选择，是因为没有人是全知全能的。我们没时间通过业余学习去获得技工类证书、牙医或医药文凭，所以我们会咨询有足够知识或专业能力的“专家”。例如，当你的车坏了，你会把车交给修车的技师；当你牙疼时，你会去看牙医。你找医生看病是希望她能治好你的病，你认为她在这个领域具有权威性，你会听从她的指示。但是，当权威表现得太过火，医生或技师开始强迫我们接受他们个人的想法时，通常我们会抗拒。

在技术含量不高的问题上，如我们在日常工作中遇到的一些问题，我们可能会抗拒权威。但是假如你的老板是某项特殊技术的专家，他看任何问题都会以这项技术来解决，那么他就有可能用他的技术解决方案来打击你。记住一句老话：如果你是一把锤子，你看每样东西都像一颗钉子！一个主管如果频繁地利用管理地位上的权威强迫下属认同某个特定的答案，将导致下属的不满和抗拒。权威型领导喜欢提出建议和发号施令。对他们而言，世界是按照“问题—解决—结果”的简单法则运转的，员工则看上去经常充满了问题。

然而，真正的问题是，任何问题总会有不止一个解决方案，每个方案都有潜在的风险和回报。当处于这种两难境地时，我们总是习惯把问题交给领导，由他们给出所有答案。

具有讽刺意味的是，大多数人都想自己解决问题。如果你被告知该怎么做，你可能感觉受到了轻视，特别是当你具有相关问题或事件的处理经验时。既习惯于找领导要答案，又不想被轻视，这就造成了一种窘境：领导者有压力，因为他要给出“正确且完美的答案”，但人们对于看上去刚愎自用的领导给出的答案通常会感到厌恶和愤怒。也就是说，长久以来我们建立了一套没人喜欢的培养权威型领导的体系，而这已经成为很多组织和机构的默认体系。

对主要依靠权威来施行管理的领导者来说，他必须对下属进行监督。如果下属接到一个命令，但不认可这是一个正确的方向，他们经常会表现出“善意的懈怠”——希望领导给出的错误命令会像隔夜的新闻一样逐步失效。如果领导者不监督，不强制下属执行命令，下属“善意的懈怠”将会削弱领导者指挥与掌控的权力。此外，监督和强制执行需要投入大量的时间、金钱和努力。看看占领他国领土的军队需要付出多么大的代价吧！作为一个权威型领导者，要想做到上传下达、掌控有力，付出的代价远远大于收获。

➲ 问问题，而非给答案

卓越领导者避免依靠命令和控制，相反，他们寻求建议和认同。简而言之，卓越领导者更关注提出好的问题，而不是给出“正确”的答案。

这样的领导者尊重下属的知识和经验。他们从一开始就尊重他人，假设他人具备一些基本经验和知识。当然，如果事实证明这些假设是不正确的，他们也会用教练方式尽可能快地解决问题。

好问题是什么样的呢？简单，它可以让人停下来思考，慎重地做出回应。好问题不是直接给出或假设一个方向，它会激发人们的好奇心和探索欲望；好问题是开放型而非封闭型的，不局限于某项特定的专业技能，它让人不断思考，讨论并发现解决方法；好问题来自倾听和回应，而不是简单地、礼貌性地问答和提出建议。

以下举例说明什么是好问题及反例。

- 好问题：你老板对待你的哪些方式让你感到不舒服？

  反例：这么说，你老板听上去像个浑蛋，对吗？
- 好问题：解释一下你老板做了哪些事让你烦恼？

  反例：我知道有一个霸道的老板让你很烦恼，我也有过相似的经历，让我告诉你吧。

- 好问题：作为你所在领域的专家，当你的老板不倾听你的建议时，你感觉如何?

  反例：我过去在“史密斯和约翰”公司工作时，我的老板从来没听取过我的建议，那让我很生气。

➲ 魔术贴

魔术贴最好是长方形的，大小依你手写字号的大小而定。

第一步：制作你自己的魔术贴

在魔术贴左侧写下如下四行字：

- 什么
- 谁
- 如何
- 其他开放式问题

对于初学者，将魔术贴其余部分空着。后面要做的事多着呢！

现在将魔术贴粘在你的桌子上方，每天换个位置。魔术贴位置的变化会吸引你的注意力，提醒你用到上述问题（魔术贴不挪动就会成为“背景”的一部分，就像墙纸，过一段时间你就不会注意它了）。

第二步：练习提问

在接下来一周的绝大部分时间里，你应该与遇到的每个人都进行对话并用到上述四类问题：什么、谁、如何、其他开放式问题。提问的关键是让话题一直围绕对方展开，而不是把话题引到你身上。

提问，让对方不能简单地用“是”或“否”来回答。做到这一点，你将在教练方面获得一个飞跃般的进步。

做到这一点比你想象的要难得多——特别是我们接受的教育体系总是诱导我们找到“正确”答案。就像你正在为了写一篇新闻稿而采访某人一样，提问式的对话将帮助你使谈话变得真正充满趣味。以下是一段简单、快速、提问式的对话。

艾米：最近怎么样，杰克？

杰克：我觉得还好吧。

艾米：你觉得？到底发生什么事了？

杰克：我和我的新老板合不来。

艾米：怎么回事？

杰克：上周，他把我负责的一项工作分配给另一个人做了，事前竟然都没问过我的意见。

艾米：他为什么这么做？

杰克：客户投诉我不理他。

艾米：什么意思？

杰克：当时我不在市内，手机电池又坏了。客户给我发了一条紧急短信，可我直到第二天晚些时候才换上新手机电池，所以我无法给他回复。但是客户着急了并给我老板打电话，老板也急了，把这项工作交给了别人处理。现在我因为一块该死的手机电池，损失了一大笔佣金。

艾米：当你告诉老板关于手机电池的事时，他怎么说？

杰克：他说的都是废话，你都无法想象！说我应该能预见到这个问题，我应该在裤子后兜里带一块备用的手机电池。

艾米：那么，你认为接下来应该怎么做？

杰克：我需要冷静下来，然后和老板谈一下他对我的合理期望。我还要给我的老客户打电话告诉他当时是怎么回事……我想我应该这么做。

艾米：听上去很有道理。

杰克：谢谢你，艾米。很感谢你能听我说这些。

请注意在上述对话中，不管杰克说什么，艾米都没有提出任何建议。她所做的就是提问：什么？谁？如何？并且都是开放式问题。是杰克自己而不是艾米想到了下一步应该怎么做。没有建议，只有好的问题！

第三步：完成魔术贴

拿出魔术贴，魔术贴左边写着关键问题，然后在关键问题旁画出被我称为“教练钟”的图形，在魔术贴最右边写“改变”。完成后的魔术贴如下图所示。

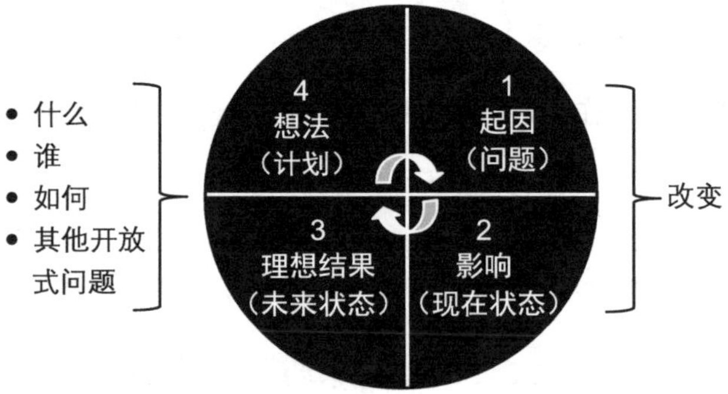

完成后的魔术贴

第四步：学习如何使用教练钟

我们将采用“4×4 法”。

- 第一个 4 是指你问的四类问题（什么、谁、如何、其他开放式问题）。这四类问题应该贯穿在教练式对话的始终。
- 第二个 4 是指教练钟的四个象限，代表教练式对话的四个阶段。

教练钟的四个步骤我们称为“4I”：① 起因，出现了哪些问题；② 影响，对现在的影响；③ 理想结果，未来能达到的理想状态；④ 想法，解决问题的想法。

起因（Issue）

作为教练式领导者，只有在你和下属都清楚并认同问题所在之后，你才能帮助下属解决问题。听上去很简单吧？但你会惊奇地发现，很多个人和组织遇事总是急于下判断，结果解错了“题”。我记不清是哪次了，一个客户来找高管教练咨询问题，最后我发现，他来向教练求助的动机本身才是真正需要关注的问题。最初的谈话只是一个起点，真正的问题必须不断探寻，提问并得到确认，然后进行下一步。我把这种发现问题的流程称为“剥洋葱”，从表层一直探寻到问题的核心。以下是几个谈话方向和相应的问题。

（1）确认要讨论的行为或问题。

- 今天我们要讨论的最重要的事情是什么？
- 与对方就这个问题达成共识。

（2）确定目标或结果。

- 通过我们的谈话，你最想达成什么目标？

（3）确定对话的流程。

- 我想我们会这样进行对话（向他描绘教练钟）…… 你认为怎么样？

影响（Impact）

教练式对话的第二阶段，是确定问题对现状的影响。在这个阶段的问话中，教练式领导者会试图确定问题的现状与扩散情况，以及对关键人物的影响，特别是对其谈话对象的影响。换言之，教练式领导者要确认待解决问题的大小和紧迫程度，以及要付出多大的代价才能解决。了解问题的大小和范围后，你就能有一个大概的判断，然后就能提出更多有帮助的问题来协助客户解决他面临的问题。以下是开启这个阶段谈话的几个方向和相应的问题。

（1）确定问题的现状。

- 描述一下今天的情况：发生了什么？

（2）了解对方的想法。

- 你如何看待这一情况？如果以 1～10 分来判断严重程度，你打几分？

（3）确定当前情况继续发展的后果。

- 当前情况对你产生了哪些影响（情感方面、经济方面等）？对他人的影响如何？还涉及其他哪些人？如果什么都不做的话，会付出什么样的代价？

理想结果（Idea State）

人们做过大量的实验来求证想象可以提升人们的某些技能。有一个关于篮球罚球的实验。在这个实验过程中，参与实验者被分成三组：第一组真正练习了很多次罚球投篮；第二组什么都不做；第三组不断想象自己罚球成功的过程，但直到最后共同测试阶段才碰球。结果：得分最高的是实际练习罚球的一组；但是，虚拟罚球成功过程的那一组的得分与第一组很接近，他们获得了第二名；垫底的是根本没练的那一组（这没什么可吃惊的）。

这个实验及其他很多关于目标设定的实验告诉我们：行动之前在头脑里模拟理想结果不仅是一个好主意，而且它就像地基之于建筑物，是成功的关键。

所以，在你仔细盘问下属或同事，让他们具体描绘问题对现状有什么影响后，你需要提一些使他们清醒的问题，以帮助他们从思考“出了什么问题”转变为思考“我到底想要什么”。这个转变对于找到解决方案是至关重要的。如果头脑里没有理想的“目标”，就很难达成目标。明确理想结果是什么，要从如下几个方面提出互相有关联性的问题。

（1）想象成功的画面。

- 理想状态看上去是什么样的?
- 如果一夜间发生奇迹，它会是什么?

（2）设定目标和表现预期。

- 你想达成什么?

（3）明确可能的障碍或阻力。

- 在前进路上的主要障碍是什么?

（4）多准备几套行动方案。

- 你会采取哪几种方法去达成目标?
- 还有其他方法吗?

想法（Intention）

教练式领导者需要做的最后一步就是推动同事（客户、下属）行动起来。记住：好的教练 = 行动。 因此，无行动，不教练。光有好的对话是不够的，还必须推动当事人行动起来解决问题。推动的诀窍就是“直接”：直接要求他制订计划，明确分工。注意：不要表现得太过强势，可以这样开始。

（1）确定他为达成目标而要采取的第一步行动。

- 第一步行动（可以是最容易做到的）怎么做?

（2）积极争取他人的支持。

- 谁能给他支持?

（3）设定重要节点，明确行动。

- 从何处开始? 何时开始?
- 制订完成整个行动过程的时间计划表。
- 他自己应该承担哪些责任?
- 如何界定他是否达成了目标?

当你和客户完成了教练辅导时，一定别忘了征询反馈意见。这有点儿像大厨征询客户对饭菜的意见。你可以就以下几点征询客户的意见：

- 你觉得今天的辅导怎么样?
- 在今天的讨论中，你觉得在哪一点上有收获?
- 对今天的辅导，你有什么问题或意见吗?

到了现在，我猜你想问：为什么把这种教练方式称为“教练钟”？

好问题！答案是所有教练都要花时间，但有时领导者的时间是有限的；另一个原因是人们犯过的最大的错误，通常源于对事件或问题的确定过于仓促。所以，设定教练钟的意图之一，就是将问题确定阶段程序化。

让我们构想一下教练钟的转动过程，假设它是一座真的钟，如下图所示。

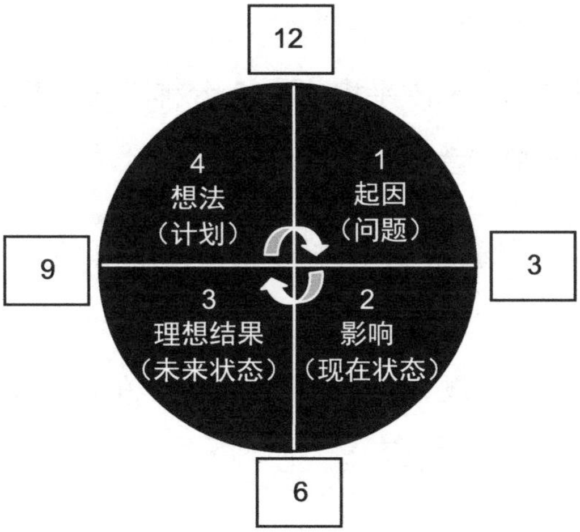

教练钟的转动过程

假设你的一个直接下属走进你的办公室，想让你“帮助”她解决一个问题，说白了就是想把问题交给你解决，而你只有 20 分钟时间接待她。相比接过这个可能甩不掉的烦人的问题，我建议你练就一双“鳄鱼臂”（如果你看见过短吻鳄，你肯定能记住它们那短得不能再短的前肢）。不管谁进入你的办公室想把一个问题交给你，想想短吻鳄，它的前肢那么短，就算想接这个问题，也接不了。别伸手去接别人的问题，而要运用教练式辅导帮助他们解决问题。

教练钟式辅导是如何利用时间的？简单地说就是直接、高效。我们假设一个直接下属走进你的办公室想把一个问题甩给你——她捅了娄子，自己搞不定，再假设你半小时后就要和你的老板开会。你可以考虑按下述方式行事。

- 请她坐下。告诉她你只有大概 20 分钟的时间，之后你要准备和老板开会。但你确实想帮助她。
- 给教练钟的四个象限平均分配 5 分钟时间。然后开始提问：“好吧，你今天要和我谈什么问题？”

注意，保证用于确认“真正的”问题的时间不少于 5 分钟。实际上，如果你不得不在某个象限上多花些时间，就花在问题确定上吧。总是这样的，人们提出来的问题，其实通常不是真正的问题（随着探索式的好问题，真正的问题会浮出水面）。

对程序和时间分配而言，教练钟模式是一个近乎完美的解决问题的工具。

综上所述，不论你有多少可用的时间，都可以平均分配成四份，以教练钟的方式对你的客户进行教练式辅导。但是要记住，确认什么是真正的问题是最重要的，即使在这一环节上多花些时间也无所谓。再精彩的答案，如果搞错了问题，那还远不如对该问题给出的片面答案。

2

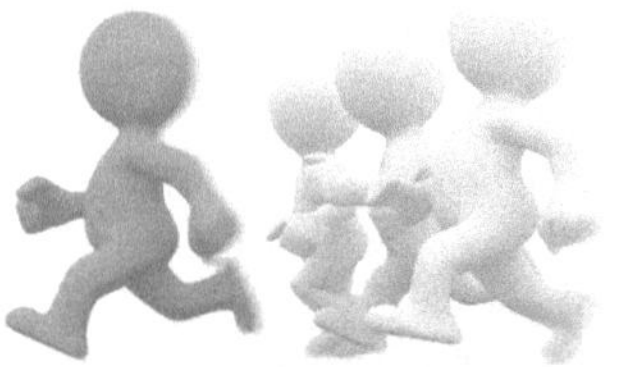

如何运用教练流程

那么，什么时候应该运用教练呢？答案是，不分地点，不分时间，不分对象。

你不需要刻意追求一天中的某个好时辰、完美的环境或人际关系中的某个特殊时刻。实际上，越自发、越真实，教练的效果越好。

➲ 给朋友做教练

为了练习教练技能，可以在你的朋友身上实验。但是，别告诉他你在拿他练习教练，你只要正常做就行了。以“什么、如何、谁”等提问开始，所有问题都要围绕你的朋友，教练的工作自然展开。情景可能是这样的。

你：嘿，彼得！最近好吗？

彼得：还行。

你：都挺顺利的？

彼得：就算是吧。

你：就算是？什么意思？

彼得：嗯，我和玛丽最近总吵架。

你：为什么事情吵架？

彼得：关于钱，老话题了。

你：关于钱的什么问题？

彼得：我喜欢花钱，而玛丽喜欢攒钱。

照这样来，你的教练式对话就顺利开始了。发现真正的问题所在，目前有哪些不利影响，然后分析理想结果应该什么样，最后问他想怎么样，让他制订计划，确定每个行动步骤。

和朋友采用教练式对话时要注意，当涉及想法阶段时，在和他确定行动步骤时用语要简洁明了。你可以这么问："你和我说说想怎么做吧。""嘿，告诉我你想和她说些什么。"就这么简单。任何时候、任何地点你都可以做，如工作中、午餐时，或者在星巴克咖啡店。

练习越多，收获越大。刚开始的笨拙随着时间会变成熟练。对原来习惯给出答案而不习惯提问题的大多数领导者来说，最初几次运用教练式谈话会比较费劲，就像用左手签名一样。马上试一下，你就知道到底有多难。不过，练习一个月以后，你就会完全适应这种新的工作方法。练习会形成新的神经反射，练习越多，神经反射越强，技巧越完善。

关于熟悉一项新技能，我自己的例子是：每当我开始写一本新书，当我花六个月到一年的时间确定了书的主题后，我可以持续三个月每天写好几小时。但是一写起来，一不小心我的右手和右肩就会得腱鞘炎。第一次得腱鞘炎时，我去医院做了一个包括核磁共振在内的检查。一个医生朋友告诉我，要换成左手用鼠标，让右手和右肩休息。我觉得别扭极了！我的左手就像租借的别人的手，每完成一次点击和滑动都要花很长时间。不过一个月后，我的左手就可以熟练地使用鼠标了，以至于当别人看到我写作时，都以为我是左撇子。当然，最重要的是，我的肩膀不疼了。

➲ 给直接下属做教练

接下来，最好的练习教练式沟通的方式就是给你的直接下属做教练了。同样，一开始你不要明确说明要给他们做教练。不过，如果他们注意到了你和他们的沟通方式与以前不一样，你也不必感到吃惊，特别是如果你以前一直是一个说一不二的独裁型领导者。今后，大家会时常惊诧于你的行为方式与以前的不同。要知道，一般人都能够强烈地感受到某种固定模式的改变和变化，尤其是“从直接给答案变为提问题”这么明显的变化。

教练式谈话还可以应用于另一种情况，就是有人走进你的办公室，想把一个问题抛给你。记住，亮出“鳄鱼臂”，开启教练模式：“那么，你能告诉我出了什么问题吗？”想清楚你有多少时间，看一眼贴在桌上的魔术贴，然后运用教练钟的四步式教练（起因、影响、理想结果、想法）。另外，要按照教练钟的四个象限合理分配时间。当谈话进入计划、具体行动步骤的环节时，一定要直截了当地要求对方给出回应。这样做的效果就是，他们知道你的要求了，也知道必须做些什么，当下次再想把所有问题都抛给你时，他们就得三思了。

➲ 给平级同事做教练

试过朋友和下属后，如果你想再提升一步，就试试给平级同事做教练吧。注意，你不必说明要给他们做教练，而是以“最近怎么样”、“过得好吗”或“近来好吗”等开放式的问话，把他们引入谈话。关键是倾听和观察他们的回答。如果他们回答“很好”或“一般”，你就可以进一步探寻了。你可以提议：“咱们聊聊你最近碰上什么事了。”要知道，如果谁说他的生活“很好”，那他过得肯定不是“甜蜜如意”，而应该正好相反。

应用教练钟模式，以确保你的谈话遵循了正确的程序，并且时间分配合理，尤其要花时间在确定真正的问题上。谈话快结束时，你可以暗示他们：如果他们对解决问题拟订了一个计划，你很愿意跟踪了解他们完成计划的情况。语气要随意一些，既能了解计划的完成情况，又不显得太正式、强迫或咄咄逼人。

➲ 给你的老板做教练

做这种教练难度是最大的，但也是最有锻炼效果的。世界上的每个人都需要一个征询意见的对象。应用教练技巧，你会成为更好的倾听者，别人也就更有可能向你征询意见，哪怕这个人是你的老板。他是管理你的人，但不意味着你不能给他做教练。同样，第一步是提出开放式问题："最近怎么样？""某某客户最近怎么样？"然后，提出更多的问题去厘清真正的问题、对现实情况的影响、理想的结果是什么、想法和具体的行动步骤。一开始给老板做教练时，一定要放低姿态，保持灵活性，千万不要一成不变。否则，你会过早地失去他的信任。

一旦成为老板信任的征询意见的对象，你就能参与重要的决策，包括可能影响你的前途的重要决策。要想做到这一步，最有效的途径就是运用教练技能：真诚的好奇心，探寻式的提问，以及积极回应式的倾听。

➲ 给客户做教练并扩展你的业务

教练技能的最佳应用体现在你和老客户打交道或发展新业务、新客户时。所以，当下次你参加客户活动或社交活动时，试试下面这些方法。

（1）通常来说，活动的主办人最了解参加活动的大部分人的业务需求。所以你可以问问主办人你最应该接触谁。这是一个非常棒的寻找目标的方法，可以使你集中时间和精力关注有效目标。

（2）分配好时间。假设主办人给你指出了三个重点对象，你都想接触，但你只有 1 小时的时间参加这场活动，那你和每个对象就只能交谈 20 分钟。

（3）走到交谈对象面前，做个自我介绍。等他也自我介绍完了，聊一些关于他公司的话题。

（4）开始运用教练钟。你只有 20 分钟，必须合理利用，记住四个象限。用这个提问开始谈话：“最近你在公司里遇到的最大的问题是什么？”

（5）当他说出遇到的问题时，进一步提问“什么、谁、如何”以及其他开放式问题。当你抓住问题的关键点时，说出来看看你理解的是不是对的。然后才可以进行下一步。

（6）到了第二象限（影响），了解问题对现在形势的影响。出现的问题对谈话对象及他的公司产生了哪些财务上的、外部的和心理上的影响？试着将这些影响按严重程度排序。

（7）到了第三象限（理想结果）。问问他问题解决后的理想结果是什么。要不断提问，直到得到一个非常精确和具体的描述，不允许他主动将理想目标下调：“是这样的，但估计做不到。”要始终坚持最理想的目标。

（8）最后，第四象限（想法）。这里有一点细微的不同。当你听到问题时，想想你公司里是否有人能帮到他。或者，你可以告诉他某家公司能够提供帮助。即使你想不出办法，你的认真倾听也可能激发出他的一些好想法，他还可能把你引荐给其他人。

（9）当你认真倾听某人清晰地描述了他面临的重大问题时，你实际上帮了一个令他难以忘却的大忙。按照教练方式与他交谈，你的谈话对象将非常愿意了解你的公司。当别人咨询你的公司的情况时，你要想扩展业务就处于非常有利的形势了。这都是因为你运用了教练式沟通法，表现出了你对交谈对象和他的业务的关心；反过来，他也愿意听你说话。

3

如何在团队中应用教练式沟通

很多书中都提到团队的力量、集体的智慧，以及集体决策的必要性。教练并不能解决与团队和其他各种形式的群体相关的所有问题，因为要解决这些问题很大程度上取决于群体中人与人的关系、团队成员每个人的权力、团队文化，以及其他复杂的因素。但是，通过向整个团队提出重要的问题，教练能够帮助团队提升其集体智慧。

从某个角度来说，我们每个人都在某个组织中工作，确定组织运行方式和使大家能够求同存异、合理分工是每个组织最基本的职能。不同的团队所做的工作不同，有的编辑软件，有的建造房屋，有的修改业务流程，有的参加足球比赛。当你为一个优势与挑战共存的团队做培训时，你可能希望搞清楚这个团队是临时团队还是正式团队。如果你想让你的团队具备如下优势：

- 有多种选择；
- 整体素质高；
- 有确定的愿景目标；

- 有包容的工作氛围。

你就会面临如下挑战：

- 权力斗争；
- 办公室政治；
- 大量的争吵；
- 很多事情变得错综复杂。

所以，团队做出的大多数正确的选择，都要付出相应的代价。关键是如何将收益最大化，将代价最小化。 运用教练式沟通能帮助我们在充分获益的同时减小甚至避免代价。下面我们会讲述如何开发领导力即时团队教练法和领导力行动学习团队教练法。

4

领导力即时团队教练法

不论是公司还是其他组织，每天都会面临挑战。有些挑战很严峻，必须依靠专家才能提出应对方案。想象一下，你的电脑出了小毛病，你找相关部门帮助解决。你叫来一位技术支持专家，让他帮你把邮件备份一下，解除一个程序的绑定，或者安装调试好你的新鼠标。绝大部分挑战，只要打一通电话，就能获得解决。

但是，如果问题急迫又很复杂，该如何处理？48 小时内你就要参与投标，否则就会失去这次机会；你的一项新业务模式受挫且期限已到，要么你将它创新完善，要么放弃。以上两种情况的处理结果决定了你的组织的盈利或失败。

如何在有限的时间里处理这些情况，又能确保不会因为草率决策而在将来付出惨重代价呢？回答这个问题之前，先看一下丹尼尔·卡尼曼——一位获得诺贝尔奖的心理学家的研究报告。卡尼曼发现人们经常采用两种思考和决策模式：模式一是凭直觉快速思考；模式二是缓慢地理性思考。我们做出的大多数决定都是凭直觉的，速度快的，经常是正确的（特别是在我们熟悉的领域），但会受到某些潜在倾向的影响。例如，玛丽，一个年轻、活泼的女孩，4 岁时就能流利地阅读了。你能预测多年后她在大学里的各科平均分是多少吗？你是不是很可能预测是 4.0 分左右？真实情况是，她的各科平均分在 3.0 分左右。但是由于之前提到了数字 4（玛丽在 4 岁时就能阅读表明她是一个早慧儿童），影响了我们的判断，使我们认为她能获得 4.0 分。卡尼曼的书《思考，快与慢》（*Thinking，Fast and Slow*）很值得一读。

倾向性会影响我们的决定。遗憾的是，不论买房、买车，或是度假，人们经常会因为对方的报价而产生倾向性。你做了决定，但你自己并不知道你的“直觉”已经受到了影响。

现在来说说我们面临的急迫的业务挑战：在面对最后期限时，如何能将快速思考过程放慢，做出更好、更有根据的决策？组织一个团队，应用教练式沟通。

让多元化、不同知识结构、全身心投入的团队成员共同应用教练式沟通来应对重大挑战，得出的解决办法肯定比聪明的个人甚至专家的效果好得多。团队比个体强，因为团队如果应用教练式沟通流程，就可以汇集团队全体的智慧。教练式沟通就像在每个人飞速运转的大脑中放上一盏闪烁的黄色警报灯，使大脑冷静下来，团队成员的个体差异为解决问题提供了多样化的视角。在一个经验丰富的教练带领下，即使面对压力，团队也能高效地完成教练式沟通。

流程如下。

（1）组织一个 4~8 人的团队，专门处理重大而紧急的问题。团队少于 4 人的话，思想丰富性不足；超过 8 人，则组织协调过于繁复，沟通过程中异议太多。要确保团队成员对问题有足够的了解，且解决结果与他们的利益相关。你还要考虑其他因素，如多元化（性别、种族等），是否具备相关的直接经验等。

（2）即使你有了一个完整的团队，但可能面临的问题本身可做的选择和能改变的东西有限。但不管怎么样，你都要找一个中立的、有经验的且经过专门培训的教练，帮助团队完成整个流程。

（3）然后，确定规则。在当前情况下，由于既要快速得出答案，又要发挥团队的智慧，教练需要应用以下程序：向整个团队提问（什么、谁、如何、其他开放式问题）；确保讨论不是由外向的、活跃的人把持着；挨个询问每个人的想法；然后以提问题的方式进行更深入的讨论。

（4）在领导力即时团队教练法中，教练的工作就是确保整个流程顺利进行：提问，流程管理，将整个团队都引入流程中。教练可以向团队发问，就像面对的只是一个人一样；他可以请别人来提问，只要遵照关键问题提问法（什么、谁、如何、其他开放式问题）和四象限问题（起因、影响、理想结果、想法）即可。

（5）教练要运用教练钟指导团队完成四个象限的步骤，团队将制订一份意向行动计划，并确定具体分工（需要做什么及谁来做）。

我们来看看在特殊情况下，这种教练法如何开展。例如，一个公司客户要求你在两天后提交一份标书。这就是组织团队和开展领导力即时团队教练课程的绝佳时机。

➲ 问题和难点阶段

教练将在这个初始阶段通过提问（什么、谁等问题）探究并明确问题或难点及其本质，然后着手解决问题。这个阶段的时间最好宽裕一些，不能少于 1 小时。记住，一个文不对题的解决方案即便看上去很漂亮甚至完美，也比不上一个切中要点、刚好够用的解决方案。

注意，当教练为了探寻问题的本质而一个接一个地提出“问题出在哪儿”“谁参与了”等问题时，他也可以请其他人就某个问题提供尽量多的信息，这些信息之间可能是互相关联的，也可能是不连贯的。举例说明，作为教练，你可以问某人有什么想法并请他直接描绘出来。并且，注意，当教练主持这些流程时，团队中的任何一个人如果有问题都应该提出来，回答问题总是比简单陈述要好。

在这个过程中，教练可以用活动挂图，也可以让某个人做记录。另外，教练的角色是激发不同的想法，推进讨论——就像对单个人做教练一样。团队成员提问越投入，讨论就越充分。以下列出了一些讨论中会提出的问题。

（1）这个客户真正的需求是什么？你以前处理过这个客户提出的什么需求？在这个客户身上，你以前遇到过什么问题吗？仔细想想还有吗？

（2）和这个客户打交道，你愿意与哪个同事合作？在你的公司中，哪些人是和你一起做这份标书的最佳人选？你能让他们脱离目前的工作来做这件事吗？

（3）48 小时内完成标书，可行性如何？你过去曾经有过类似的成功经历吗？这次你打算如何开始？

（4）谁能说一下这份标书最主要的几点是什么？请清晰地阐述以便我理解。能更深入地解释一下吗？你能描述一下标书要达成的效果吗？

➲ 问题的影响

现在教练要进入明确影响阶段，提出同样的四个问题以便清楚地了解问题的难度，对公司造成的影响（财务方面、情绪方面、公司文化方面等）。以下是问题举例，可以不按下面的顺序提问。

- 你们认为这次投标对公司的价值何在？
- 如果以 1～10 分（从低至高）来表示这次投标对公司的重要程度，

你打几分？

- 如果你不参与这次投标，对公司会有什么影响？还有其他影响吗？
- 谁能说一下你们现在做的事情对完成公司季度收入目标和全年收入目标有什么影响？

一旦教练感觉团队提出了“好”问题，明确了目前情况可能带来的影响，他就可以带领团队进入确定理想或最佳结果阶段了。

➲ 理想结果

接下来，教练要求团队设想这次投标工作的理想结果应该是怎样的，未来前景如何。同样是问什么、谁、如何、其他开放式问题。教练要清楚投标的理想前景。以下是团队或教练可以提出的一些问题。

- 如果魔杖在今晚击中了我们，给了我们一个理想的解决方案，你认为这个方案是什么？
- 针对这个项目，理想的标书应该是什么样的？
- 谁能预想标书应该体现的至少一种关键效果？
- 如果你完成了一份非常棒的标书，请你描绘一下这份标书应该是什么样的。你是怎么做到的？

➲ 想法——计划和分工

下面教练应要求团队做出一份计划，并明确未来 24 小时内每个团队成员的具体分工和工作完成标准。同样，教练以提问（什么、谁、如何、其他开放式问题）的方式引导团队做出计划以便按时高质量地完成标书，同时做到团队内部职责分明。团队成员和教练可以提问以下问题。

- 标书应该如何开头?
- 标书开头的几部分非常重要，谁来做?
- 现在我们最应该做的三件事是什么?
- 应如何安排时间计划?
- 有人自愿承担某项工作吗? 何时提交工作成果? 工作成果的标准是什么?

然后，教练要求会议记录人做出会议纪要，特别注意要记录清楚时间计划、工作成果的标准及每个人的任务。此外，根据工作节奏或时间紧迫程度，会议当天晚些时候或第二天，教练应再发起一次后续跟进会议。

领导力即时团队教练法的优势在于汇集了集体的智慧，应用了教练式沟通、强大的方法论，以及拥有一个有经验的教练。结果就是更好的决策，在更短时间内得到更好的工作成果，并且整个团队对工作成果和过程更加认同。记住卡尼曼的警告，不要让发热的大脑绑架了理智的大脑。要放慢决策节奏并代之以理性、慎重、集思广益的决策流程。

当面临更大、更长期、对公司的财务和公司文化有更大影响的问题时，应该怎么办？在此情况下，应用领导力行动学习团队教练法。

5

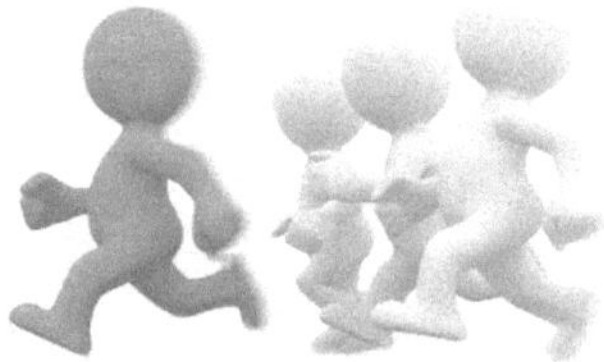

领导力行动学习团队教练法

现在我们转向没有唯一“正确”的解决方案，但该问题的解决会对组织或个人产生重大影响的长期性问题。假设这种问题是一种更具战略意义的问题，通常来说，也是长期性问题。领导力行动学习团队教练法适用于这种重要而不紧急的问题，不像领导力即时团队教练法要解决的都是既重要又紧急的问题。

这里有一个典型的领导力行动学习团队教练法适用的问题：你的业务发展模式之前在缺少市场竞争时运行良好，但现在已经开始感觉费劲儿了，预期的收入水平难以支撑公司预想的未来长期的市场份额。这是一个严重的问题，但并不是必须立即解决的。可如果不系统地、从战略层面着手解决，公司最终将走向失败。这种情况正好适合应用基于行动学习过程的领导力行动学习团队教练法。

这里先简要介绍一下行动学习法。在著名的英国卡文迪什实验室工作的物理学家瑞格·埃文斯观察到，那些在著名实验室工作的获得诺贝尔奖的科学家，在进行重要的科学研究时总是以好学谦虚的态度互相提问，以帮助彼此获得突破性进展。在他们提问方式的基础上，埃文斯确定了他称为“行动学习法”的框架——提问、智慧和尊重（而不是直接给出答案，或依赖专家意见、权力和地位）。行动学习法帮助人们得出解决难题的方案，同时，在这个过程中，也使人们学到重要的人际交往和领导力技巧。

行动学习法非常有效，目前越来越多的公司正在应用行动学习法解决企业的各种问题。这些公司包括通用电气、美国电话电报公司、康宁、惠而浦、通用电话与电子公司、摩托罗拉、可口可乐、陶氏化学、埃克森·美孚。当前，美国国内的行动学习法权威是史蒂夫·马库德教授及他在乔治·华盛顿大学的同事。马库德教授通过演讲和撰稿广泛地介绍行动学习法，此外，他和他的同事建立了全球行动学习法学院。

任何人只要具备一些基本条件都可以应用行动学习法，特别是在团队合作中，除非要解决的问题专业性极强，要求每个人都必须是这个领域的专家。我之所以使用“领导力行动学习团队教练法”这一术语，是因为根据我见过的案例，行动学习法的最佳应用是在领导力领域：企业和政府的团队应用这一方法能有效解决问题，推进工作。

➲ 应用领导力行动学习团队教练法的条件

要应用这一方法，有一些基本条件，具体如下。

- 4～8 人的团队，不要求每个人都是问题领域的专家。

- 一名具备领导力行动学习团队教练法的教练。
- 一个需要解决的问题：非常重要，但解决方案不是唯一的。
- 应用问答沟通模式，提出能让人尊重、倾听、思考的有分量的问题。关键词：什么、谁、如何，以及其他开放式问题。
- 准备付诸行动。

应用领导力行动学习团队教练法有以下几条重要规则（与行动学习法一样）。

- 只有在回答问题时才能表明自己的观点和主张。
- 教练在规则、流程和学习过程中具有权威。教练有权终止和开启流程，但他不参与制订解决方案。
- 也就是说，教练负责流程，团队负责完成各个环节的内容。

我认为领导力行动学习团队教练法应该同样采用本书前面的建议并在领导力即时团队教练法中应用的指导性教练流程（四个象限）。但就团队而言，不需要每个成员都是专家，但要有智慧和经验，因为他们提出的问题是引发思考、让人有所收获的关键。事实上，行动学习法并不总适用于由专家组成的团队。非专家经常能够提出一针见血的问题，恰恰因为他们不是专家。

本质上，领导力行动学习团队教练法不仅能解决问题，还能教给你成为卓越领导者最重要的几项技巧：谦逊，倾听，提出正确的问题，付诸行动的决心。吉姆·科林斯的畅销书《从优秀到卓越》（*Good to Great*）

中的研究显示，美国有史以来最伟大的商业领袖具备两个共性：把事情做好的坚定信念；谦逊，不拖延，不自大。

➲ 领导力行动学习团队教练法概览

以下是领导力行动学习团队教练法的流程。

第一步：针对某个人要解决的问题，教练要求他说清楚问题

一般情况下，讲清楚问题的时间不应超过 5 分钟。然后，所有团队成员一起向这个人（及他们自己）提出问题，以帮助团队全体甚至提问题的人，对情况有更深入的理解并提炼出核心问题。

第二步：15 分钟后，教练暂停讨论，检查一下是否所有人（包括提问题的人）都真正了解了情况

有经验的教练在这个时候会要求每个团队成员都把问题写下来，然后每个团队成员把他写的内容读给提出问题的人听。如果你漏过了这一步，或者仅仅要求大家口头说，大家就会偷懒跟着别人的话说：“我同意山姆说的。”独立思考、多元化思考在这一阶段特别重要。要求团队成员写出问题并读出来，也有教练在这个阶段会用便利贴和索引卡。

第三步：有必要检查一下团队是否理解了“真正的问题”，这也是整个流程中最关键的一环

爱因斯坦曾说过：“当我面临事关生死的重大问题时，如果我只有 1 小时的时间来解决，我会花 55 分钟来搞清楚问题的本质；一旦我了解了问题的本质，用不了 5 分钟我就能解决问题。”勤奋和积极的人经常迫不及待地解决问题，而不管他们是否完全理解了问题。他们想赶快找到答案，他们认为这样做是正确的行为，此前他们都是这样成功的。对于这种意外成功的人士，我要借用一位同行马歇尔·戈德史密斯的书名来警告他们：《今天不比以往》（*What Got You Here Won't Get You There*）。

第四步：如果提出问题的人认为团队没有准确地抓住核心问题，教练就应该让团队重新梳理问题，直到他认为团队确实找到了核心问题

记住，提出问题的人自己也经常犯糊涂，需要团队提问来帮助他更好地理解问题所在。确定问题所在是关键，需要反复确认。

第五步：注意，团队问答过程（团队探明问题的过程）应该使用与单人教练一模一样的问题：什么、谁、如何、其他开放式问题

同样，关键的是这些问题都要得到完整的回答，不能是简单的“是/否”，或者反过来指挥你“你想过用××办法吗”，这类带有命令性质的

反问会限制思考范围，经常能迅速解决“错误的问题”。阿尔伯特·爱因斯坦关于解决问题还说过一个观点：“我们不能用引发问题时的思路来解决问题。”

第六步：一旦清楚了问题，教练就要带领团队完成教练钟四个象限（起因、影响、理想结果、想法）中余下的三个象限

特别注意确认问题的时间不能少于花在其他象限上的时间。再提醒一次：一定要把更多的时间花在搞清楚问题上。同时，教练只管带领团队按顺序完成四个象限，只引导流程，而不要参与解决问题。

第七步：当教练过程结束后，教练要询问团队成员在领导力方面学到了什么

参与人的评价经常是：关于领导力，他们学会了如何倾听，如何尊重别人的意见，如何更有耐心。这些转变和其他课程都有助于使他们在领导力上变得更加成熟。另一种方式是可以间接地问：“在今天的团队活动中，你们觉得获得的一个或两个收获是什么？”

第八步：教练要问问每个人下次开会前准备做些什么，重点是每个人都应该承担一些责任

换言之，每个人都应该行动起来帮助团队找到解决问题的方法。本质上，团队面临着问题，所有人都必须为解决问题而努力。一般情况下，大家会在各自负责的领域做研究，打电话，找别人谈话或调研，在下次会议上给出反馈报告。

要做好会议记录！在此前的教练过程中，可以让一个人做好记录。当然，教练也可以每次都让大家轮流做记录。

➲ 领导力行动学习后续会议

在后续会议中，教练可以先让大家汇报一下调研结果。汇报完毕后，再思考一下，之前认定的问题是否准确，还是根据调研结果应该有所改变。教练可以要求团队重新简明地阐述一遍问题，甚至可以把问题写出来，大声念出来。如果关于确认问题有新的发现或不解，就应该在开始寻求解决问题前花时间再次搞清楚问题到底是什么。教练还可以询问目前产生了哪些影响：问题是什么状态？情况是恶化了，还是好转了，或是维持原状？注意：教练一定要再次按照教练钟的程序再过一遍。速度快慢要依据团队的反应而定，没有一定之规，要视团队发现问题的进度而定。

接下来，教练再次引导团队考虑理想结果。理想目标改变了吗？根据团队成员调研中的新发现，理想结果的优先项是哪些？教练可以根据自己的判断来开动和暂停团队的讨论，以使教练过程顺利进行。例如，每当我看到团队讨论卡壳，我都会说：“好吧，好像我们卡在这点儿上了。你们先休息一下，然后进行 10 分钟头脑风暴，好不好？”“拿出纸来把现在的想法写下来，好吗？请尽量表述真实。”

每次领导力行动学习团队教练过程结束，教练都应该做以下事情。

（1）问一下每个团队成员，下一次会议之前他准备做些什么来帮助团队解决问题。

（2）要求团队成员描述教练过程对解决问题有哪些价值。

（3）询问团队成员关于领导力的内涵他们学到了什么（如倾听、提问、更多反馈、少做评判、做个更好的下属等）。

（4）确定后续会议的日期和时间。所有人都应该方便出席。

特别提示：说实在的，团队会遇到问题，如某些团队成员不说话或出工不出力。对这种麻烦的状况，有办法处理，但最好的办法始终是由教练提出问题（不论是什么问题），并且询问团队准备如何处理问题。例如，乔伊在此前的会议都不参与讨论，教练会说：“我发现乔伊在前两次会议都没有任何表现，我们是不是应该像一个团队那样讨论？”团队能够解决问题，教练必须要求团队以团队方式解决问题。

6

总结

教练式领导力不能治愈“癌症”，但是它确实能够解决可能伤害或毁灭某个人和某个企业难以解决的难题。

对领导者和他的团队来说，应用教练式沟通不仅是一个理念，更是重要的团队领导能力之一。提出关键问题：什么、谁、如何、其他开放式问题。在完成教练钟四个象限（起因、影响、理想状态、想法）的过程中，要始终用这些结构化的问题来严格确保解决问题的流程的正确性。最终，由一群聪明、投入的成员组成的团队比任何单个专家都能更好地解决问题，不论这个专家有什么高级职称。

第 2 部分

虚拟案例

1

面试

一位右脚微跛、神色憔悴的老先生，走进了弗吉尼亚州艾灵顿市位于保斯通购物中心对面、紧邻美国国家科学基金会的一座豪华写字楼。这位有些秃顶的老先生外穿晚春当季的深蓝色羊毛西装，内着白衬衫，系着条纹领带。他对和他孙女一样年轻的 27 岁的玛格丽特・托马斯小姐热情地微笑。玛格丽特立即报以微笑，站起来迎接他，同时把金色长发捋到瘦削的背后。

她敏捷、修长的身材比她的客人还要高。“您好，您是鲍施先生吗？”她问。

“利昂・鲍施，请叫我利昂。”

玛格丽特引导利昂来到配有四把椅子的红木桌旁，就像多次帮助她祖父那样扶他坐下，用力恰到好处，一点儿也不让他感到尴尬。然后，她指向一排茶点——果汁、咖啡、茶和各式各样的糕点，问道：“鲍施先生，您需要点儿什么？”

“请叫我利昂。”他说，“不用了，谢谢。”

“呃，利昂，1～2 分钟后，我的老板和我们咨询公司的另一位高级经理会加入本次面试。”

“你在这家公司工作多久了？”利昂问。

“到下周就满 6 个月了。”

“公司业务怎么样？”

“非常好。”

“你老板怎么样？”

“哦，您很快就能见到她。”玛格丽特边说边向四周看去，“实际上，她马上就到。”

艾琳·墨菲的身材同样修长迷人，金发在脑后挽成一个发髻，身着西装。她进屋后直接说道：“玛格丽特，我要的印度红茶呢？”

“对不起，墨菲女士。如果您想喝的话我去楼下星巴克买。我忘了和茶水服务员说了。实在抱歉。”

艾琳不满地摇着头，她摇头的幅度过大以至于耳坠打在脸上。但当看见利昂时，她收敛了情绪，说道：“这件事以后再说。这位先生是？”

“利昂。”玛格丽特回答。

“利昂？”艾琳重复道。

利昂把椅子向后推去，站起身，伸出手，做自我介绍。

“您是利昂·鲍施？”艾琳看着她手里的简历，“您要申请高级咨询师的职位？”

“是的，有什么问题吗？”

艾琳犹豫了1～2秒，好像心里在计算什么。“不，只是我原以为……”她停顿了一下，仿佛在棒球场上收到了教练“原位不动”的指令一样，“不，我，那个，我们还有一位经理，罗布·帕西斯，他也会参加我们的面试。他应该马上就到。”她边说边看手表。

利昂向艾琳点点头，坐回椅子里。艾琳重新把注意力转回茶点上，为自己打开一包伯爵茶，用了一半来冲泡。

经过一阵寒暄，在9点17分，罗布·帕西斯像一阵风一样冲进房间，手里拿着文件，皱巴巴的运动外套衣摆翻飞着：“嘿，艾琳和玛格丽特，对不起我迟到了。”

“又一次迟到。”艾琳说。

罗布微笑着，自己取了咖啡和食物，坐在桌旁对利昂自我介绍了一下。“我以前没见过您。您是哪个部门的？”他问利昂。

“他是来应聘的。”艾琳说。

“哦，”罗布说，“能否给我一分钟时间让我看看简历？这几天太忙了。”

利昂点头微笑，玛格丽特看着她手里的记录本，艾琳皱起了眉头。几分钟后，罗布说话了：“谢谢。简历给人印象深刻。哈佛大学肄业，耶鲁大学法学院毕业。我注意到您的简历中没有写明在校年份。”

“我记得没要求我写这些。”

“对对，没要求，鲍施先生。” 艾琳边说边恶狠狠地盯着罗布。

“我们开始面试，好吗？”艾琳说，“利昂，您能做个简单的自我介绍吗？”

“好的。我从业 35 年，在贝利、鲍施和约翰斯顿这几个律师事务所工作过，主要承接企业业务。”

“非常棒。那您为什么离职了呢？”罗布问。

“我没离职。我现在还是合伙人。”

“但您还想加入我们公司，对吗？”罗布说。

“可以这么说，我在寻求新的发展。”

“好的，”艾琳说，“招聘的职位是企业和联邦政府业务高级咨询师，我们主要承接联邦政府的业务。我们刚刚被一家控股公司 LBC 收购了。那么，您觉得您适合我们公司吗？”

“首先，我是联邦政府的股东，我每年都纳税。”

玛格丽特笑了，然后用手捂住了嘴。

“我认为我们每个人都纳税，鲍施先生。还有呢？”

“对不起，当然还有。在我的律师工作过程中，我积累了很多关于联邦政府和公司业务的经验。”

“能举个例子吗，利昂？”罗布抢在艾琳前面说。

“我帮助联邦政府与很多供应商进行合同谈判，还做过 M&A 业务。”

“M&A 业务是什么？”玛格丽特问。

“收购兼并（Mergers and Acquisitions）。”艾琳说。

“对，大约 2/3 的收购兼并最终不成功。”利昂在艾琳说完后进一步解释道。

“真的吗？”罗布说。

接下来的问题还有：您为什么想做业务顾问？您为什么选择太平洋咨询公司？您能给公司带来什么价值？对所有这些问题，利昂的回答都很专业，并且就像在回家的路上与人聊天一样不假思索。

最后，艾琳问：“您对我们还有什么问题要问吗？”

“只有一个问题，如果你们每个人都能回答我，那对我会非常有帮助。”

“尽管问吧。”艾琳回答，她的脚轻踢着桌子腿。

“你们喜欢太平洋咨询公司的哪些方面？为什么？”他问。

“准确地说，这是两个问题。”艾琳说。

“对，是两个问题。”

艾琳看上去有点儿沮丧，但还是毫不迟疑地回答道：“优质的客户，他们都是真正的知名人士，是将来进入企业工作很好的跳板。”

利昂看向貌似在打瞌睡的罗布：“您的回答呢，罗布？”

“什么？对不起，请再说一遍问题。”

“你喜欢太平洋咨询公司的哪些方面？”艾琳话里带着火气，一副恨铁不成钢的样子。

“咖啡和免费食品。”罗布微笑着拿起一块烤饼干。

利昂微笑着转向玛格丽特：“您怎么想？”

“嗯，我觉得我可能不是最佳的提问对象，我才来这里6个月。”

“足够久了。”利昂说。

“我最喜欢这里的人：我的同事们。我有机会学习很多业务。我是文学专业的，所以业务上比较生疏。”玛格丽特说。

“是的，”艾琳说，“但她至少在试着做，我会给她更多的信任。”

玛格丽特有些脸红，低头看她面前的材料。

“还有别的问题吗，鲍施先生？”艾琳看向手表。

“没有了，谢谢您，墨菲女士。谢谢您这么坦率。”

“那好，很高兴认识您。”艾琳说着站起来，与利昂握手，然后向门口走去。

罗布吃完三块马芬蛋糕，抹了抹嘴，伸出手与鲍施握手告别：“很高兴见到您，伦纳德。”

“我叫利昂。”

“对，利昂。”罗布说。他向这个丹麦人（注：利昂是丹麦人常用的名字）点头示意，然后离开了房间。

玛格丽特坐在利昂旁边慢条斯理地整理面试记录，说：“鲍施先生，我……”她停下来想了想，“可能我在这里说不合适。”

“说吧。”

“很抱歉。”

“为什么抱歉？”

“他们的表现，恐怕……”

“别担心，我已经习惯了。当你老了，你的孩子和你说话的口气就开始居高临下了。”

“我感到羞愧。”她不说了。

说话间，利昂在两张纸上分别写了简短的话。他注明了日期，签上名，把两张纸折起来。一张纸上写了艾琳的名字，另一张纸上写了罗布的名字。

“玛格丽特，能帮我个忙吗？”

“当然可以。”

“完事以后请把这两张记录转交给他们，行吗？”

“好的。”

他把两张折好的纸推给玛格丽特。

“接下来，我不知道你是否愿意直接为我工作？做我的特别助理。”

“什么？”

“我说过，我叫利昂·鲍施。LBC 是我的。”他等着答复。

“就是收购我们咨询公司的 LBC 吗？”

“对，全称是利昂·鲍施公司（Leon Bausch Companies）。”

“从今天开始，我会对这里做一些调整。”他说，手指敲着他刚写下的两份解聘意见，“我需要帮助。”

“当然，鲍施先生。”

“叫我利昂。”他微笑着说。

2

员工大会

就在利昂告诉玛格丽特他是太平洋咨询公司的新主人并邀请她担任特别助理的两周以后，J.C.威廉姆斯来到了位于第 12 层的太平洋咨询公司高管办公区前台。J.C.是个高个子，身材修长，行动敏捷。就在年前，他从弗吉尼亚大学达顿商学院辞职了。在那里，他被 MBA 学生私下评为达顿最时髦的教授。他身着蓝色法兰绒外衣和浆洗得笔挺的蓝白条纹开领衫，走向玛格丽特，并用手向后捋着褐色的头发。“您一定是威廉姆斯博士吧？”玛格丽特微笑着说。

“叫我 J.C.。”他边说边伸出右手。他微笑着，几乎完美的两排牙齿微分一隙，淡蓝色的眼睛表现出开放和热情。

“嗨，我是玛格丽特。鲍施先生正期待您的到来。”玛格丽特边握手边说。她问他是否喝咖啡，然后带他进入利昂的办公室。利昂与他拥抱，亲热得就像叔侄，而不像业务合伙人。

“玛格丽特，J.C.是全美最好的高管教练。”

“马歇尔·戈德史密斯对此可能有不同意见。”J.C.咧嘴一笑。

“那倒是。”利昂说。

“好，我不打搅两位了。很高兴认识您，J.C.。”

“很荣幸认识你，玛格丽特。”

利昂告诉 J.C.他接手了这家公司。此前的尽职调查显示公司运营状况基本良好，但缺乏吸引人的愿景和目标。员工很专业，有能力，有足够的业务资源，但他感觉不到员工在为一个更伟大的目标而共同奋斗。

利昂和 J.C.此前在利昂的其他几个商业事务方面合作过，所以他们交流起来简明扼要。

J.C.问道：“如果按 1～5 从低到高评分，你给公司员工的情商打几分？”

“我认为 3 分。大多数人有自知之明，能够控制自己的情绪。但不知道他们是否互相欣赏，是否能够与同事和上级产生必要的默契。”

J.C.又问了一些问题，他的第一感觉是团队有竞争力，但团队成员之间互不关心，大家对工作也不太上心。

约一小时后，J.C.走出利昂的办公室。他和玛格丽特约定了下次与利昂见面的时间，就在一周后要召开的全体员工大会之前。然后他向玛格丽特告别。

在写字楼中部会议室举行的员工大会上，面对 75 名员工，利昂靠着演讲台，J.C.威廉姆斯站在一旁。上午的阳光洒了进来。

利昂先感谢大家到场，然后清了清嗓子说："我要向你们介绍一位朋友，同时也是我的高管教练，J.C.威廉姆斯。在我之前的商业经历中，我一直依赖他的指导和信任。这次我也会寻求他的帮助，使我在太平洋咨询公司首席执行官这个位置上尽可能做到最好。"

利昂介绍了 J.C.的个人经历：他曾经是哈佛大学罗氏奖学金获得者，芝加哥大学工商管理硕士，斯坦福大学商业博士，之后在弗吉尼亚大学达顿商学院任教。几年前离开达顿商学院开始从事高管教练工作，他出书论述教练技术的重要性，已成为该领域的权威。"简言之，"利昂说，"J.C.是领导力领域的超级明星。"

利昂说，他已经做了市场研究，从员工素质和客户基础两方面来看，收购太平洋咨询公司都是一项非常棒的长期投资。"我认为公司是属于员工的，而不是老板的。"利昂说，"眼下，我们，你们和我，都是这家公司的主人。我是个简单的人，我相信公司就是由内部和外部的关系构成的，没有关系，就没有公司。"他停顿了一下喝了口水，注意到有些人在向他微笑。他也向他们微笑，继续聊起他这些年在其他公司的经历及从员工身上学到了什么。他讲了几个例子，都是他几乎犯下严重错误的例子，讲述员工如何帮助他发现盲区。

“我讲一个几乎搞砸了的例子。” 员工们哧哧地笑了，利昂又喝了一口水。

“20 年前，我那会儿抽烟，我知道那是非常愚蠢的习惯。但是那时候我经常在车间外面抽烟。工厂有个看门人兼保管员，杰瑞。”

利昂描述公司遇到的生产问题。又一次抽烟休息时，他和杰瑞说起了公司的生产能力难以满足他们的大客户——联邦政府——对电源开关的需求。杰瑞问他是否介意回答几个问题。问完问题后，杰瑞对问题有了概念，他要利昂做一次观察尝试，利昂同意了。杰瑞的方法是：将一些机器环绕排列，缩短某些关键作业的距离。

后来，利昂将这个想法告诉了一个工程师。工程师与杰瑞一起研究并在几周内解决了问题，保住了与政府几百万美元的大合同。

“那时候我发现身边的人都是那么聪明，而我是那么笨。”员工中发出一阵大笑。

“我的想法很简单：团队比个人聪明。我称之为团队智慧。团队成员越多元化，团队智慧就越高。所以，我解决问题的方法就是教练式问题解决法。不论任何时候，只要出现问题，我都会向你们寻求答案，就这么简单。”

说完这些，利昂转向 J.C.：“现在，我想让 J.C.介绍一下这种方法是多么简单高效，因为他是教会我这种方法的人。” J.C.走到讲台旁与利昂并列，接过麦克风。

“谢谢利昂。”J.C.用低沉的男中音说道，“首先，实话实说，如果有谁是超级明星，那就是利昂·鲍施。”说着他转向利昂开始鼓掌，所有人都鼓起掌来。

J.C.走到一张活动挂图前，拿起马克笔：“要知道，活动挂图和马克笔对一个大学老师来说就像消防栓对狗那么重要（注：狗总是靠着消防栓撒尿），无法抵挡的魅力啊！”

每个人都放声大笑，特别是利昂。

然后 J.C.谈到了领导力：“请大家闭上眼睛一分钟。”人群中低声议论起来，J.C.等他们议论完，说：“好，现在请回想一下你遇到过的最好的老板或领导，在脑子里想着他的模样，回答我三个简单的问题：他使你有什么样的感觉？他对你做了什么导致你有这种感觉？你对他的所作所为是怎么回应的？”

会场安静了下来。J.C.注意到很多人脸上浮现出笑容，看起来大家都在愉悦地回忆。他让大家睁开眼睛。

“好了，你的最佳老板使你有什么感觉？用词语形容一下。”他听到了“受到尊重”“愿意听我说话”“倾听”“安全感”“为他工作是值得的、有价值的”“感觉自己很重要”“感觉自己很聪明”。J.C.把这些都记录在活动挂图上。

“谢谢大家。那么你的老板做了什么使你有这种感觉呢？”大家纷纷说起来：“信任我。”“问我的意见。”“平等待人。”“欣赏我的想法和意见。”

“非常好。对他的这些做法，你是如何回应的？”大家再一次热烈地回答：“我愿意为她做任何事！”“我绝不能看着他失败！”“哪怕她让我穿过一面墙我也会去做！”“干什么都行！”

“最后一个问题，你们现在心情怎么样？”有的人没有任何犹豫地叫起来：“非常棒！高兴！欣慰！快乐！幸运！”

J.C.解释说他曾经和很多人做过这个实验，包括 FBI 探员、检察官、工程师、律师、医生，以及其他各行各业的人，每次的结果都一样。我们都能看出来，领导力水平高能够取得什么样的效果。

“就像硬币有两面，反过来说，”他说，“我们也知道领导力水平低会是什么结果：专制、侮辱人格、坏脾气、不耐烦等。但是我们经历过的领导经常是命令型和控制型的，所以如果我们从他们身上学习，自己也就会成为这种类型的领导。一定要知道，这行不通。

“今天我给大家介绍一种简单、易记的领导力方式，它能够达到的效果与你与你们的‘最佳老板’带给你的一样。你们有兴趣吗？”

每个人都像在教堂里说“阿门”一样虔诚地点头同意。看到大家的态度，J.C.在活动挂图上画出了下图。

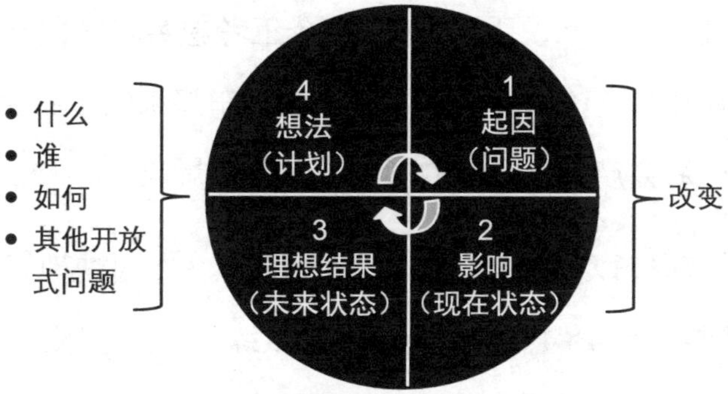

完成后的魔术贴

“假如一个员工带着一个困扰他的问题来找你，”J.C.说，“与其接过这个可能像魔术贴一样甩不掉的难题，不如改造你的手臂，将它改造为短得不能再短的鳄鱼臂。”

J.C.解释道，短吻鳄的前臂极短。当别人走进办公室试图扔下问题一走了之时，你应该想象自己的胳膊就像鳄鱼臂一样短，就算想接也接不过来。

“运用教练式沟通帮助他们依靠自己解决问题。”J.C.说。

然后他解释，成为卓越领导者的关键，就是不论谁（同事、朋友、家人或直接下属）找你解决问题，最好的方法就是按照教练钟四象限向他提出四种类型的问题，来解决问题。

“我将它称为领导力 4×4 法则，”J.C.说，“第一个 4 是指为了解决任何问题，都可以向任何人提出最佳的四种问题：什么，谁，如何、其他开放式问题。”

他举了几个例子来说明。“对于一个正考虑买车的朋友，你可以问他，迫使他现在买车的最主要原因是什么，车将来的主要用途是什么，买车对他的生活会产生什么样的影响或多大的影响。”

J.C.进一步说，以提问来发掘问题可以防止人们过快地解决“错误的”问题。“这就要用到 4×4 的第二个 4——教练钟的四象限方程式，”他指着教练钟图形说，“四象限是指起因、影响、理想结果、想法。”

就在这个时候，玛格丽特发给每个人一条明黄色的便利贴，J.C.要求他们将整个教练钟图形缩小后，画在便利贴上，他管这个叫“魔术贴”。在便利贴上复制下他今天画的教练钟图形，每天练习，一个月后，他们的生活将发生改变。他建议大家将便利贴粘在桌面上，每天换个位置（这样便利贴就不会变成被忽视的背景墙纸，而是在一个月内每天都会提醒他），在一个月的时间内，可以通过建立新的神经反射弧养成新习惯。

接下来，他开始解释教练钟的四象限，强调在第一象限投入足够时间的重要性。“在着手解决问题之前先通过提出什么、谁、如何、其他开放式问题，来发掘、揭露、明晰问题所在，这不仅是聪明的做法，而且是处理‘真正的问题’的关键。”

“你肯定不想得到‘问题本身就错了’的完美答案，而是要一个切中真因的合适的答案。”J.C.大笑着说，“嘿，为了去小卖部我用不着设计一艘复杂的宇宙飞船吧。”

大家都大笑起来。“现在我来说说它为什么叫作教练钟。”J.C.将它分解成四步。

第一步：起因

J.C.解释，当领导者只有有限的时间来解决一个问题时，在教练钟的“起因”象限上投入一定比例（甚至超出相应比例）的时间，是尤为重要的。大部分人典型的做法是只花几分钟确定问题，然后就投入精力去解决问题，这样通常得不到令人满意的结果。

“想想由于我们在判断问题上犯错误所导致的那些战争……直接跳过‘起因’环节做出鲁莽的判断，会将你带上一条注定没有好结果的烂路。”他说。

第二步：影响

接下来，J.C.说明，人们需要再以同样的什么、谁、如何、其他开放式问题来了解问题对现状的影响。他给大家演示如何以数字帮助人们评判影响的“效力”和“级别”。

“如果你想给别人做教练，你必须了解问题有多严重，”他说，“问题对人们情绪的影响，对公司财务的影响，以及对个人、部门或公司的影响。这些影响在今天、现在发展到了什么程度。”另外，还需要考虑目前状况发展下去的后果。换言之，如果就这样下去，那么未来会怎样。

“举例来说，”他解释道，“从 1 到 10，1 代表最低级，10 代表最高级，你可以要求对方对影响给予评级。”如果对方认为是 8 级或 9 级，那么确实值得花时间解决。但是，如果仅是 2 级或 3 级，J.C.认为则要考虑是否值得投入时间和精力。

第三步：理想结果

“你需要有一个能使人振奋的目标！”J.C.说，“拟定一个理想的、最有可能达成的目标有助于大家共同确认终极目标，将其设定为未来理想的愿景。”

J.C.很快解释说，你不一定非要达到理想结果，但了解它可以确保正确地接近它。获得这个结果需要什么途径？途中有哪些障碍？什么或谁能够帮助你获得理想结果？

第四步：想法

J.C.看向听众，停顿了一会儿。“在生活中要做好任何事情，都要有想法。”他说，“方程式很简单，没有想法，就没有结果。想法是指制订从现在的不利局面向理想结果转化的计划，并确定其中各人的职责。”

这跟开车找路的过程一样，每一步行动构成了整个过程。每一步行动，都向问题的解决迈进了一步。“所以，如果我们想出了一个新产品或解决方案，但谁也不愿意负责落实推进，那什么也不会发生，现状会一直存在下去。最终，竞争对手会侵入你的地盘。”

“绝不要低估现实的残酷！”他把这句话写在活动挂图上并以下画线进一步强调。“以上就是我要说的。一言以蔽之，我介绍的是一种简单而又有效的解决问题的方法。”J.C.把麦克风还给利昂。

利昂清了一下嗓子，他要求每个人都用一个月的时间实践这套方法。“在家里，在工作中，在娱乐中，都可以实践。”他说，“让便利贴时刻提醒你。只要有人带着问题来找你们，我要求你们应用这种被我称为‘领导力教练法’的方法。”他边说边比画。利昂又说，领导者的工作不是解决问题，而是以教练方式引导他人解决他们自己的问题，并坚持到底。

“每次都带着那个提出问题的人过一遍 4×4 教练法流程，看看效果如何。现在什么时间了？”利昂看表，“我想该到吃饭的时间了。”马上就有六个侍者搬进铺好了白色桌布的长桌，端上闪亮的银质食物托盘，摆在长桌上。只用了一分钟，一顿宴席就准备好了。大家都看呆了。

“开吃吧。”利昂热情地招呼大家。

玛格丽特安静地坐在房间后面，复习着在 J.C.和利昂讲话时她记下的笔记。

领导力教练法

- 提问题，不要局限一个人说，另一个人听。
- 四类问题：什么、谁、如何、其他开放式问题。
- 教练钟。
- 魔术贴。

玛格丽特记录的教练钟

3

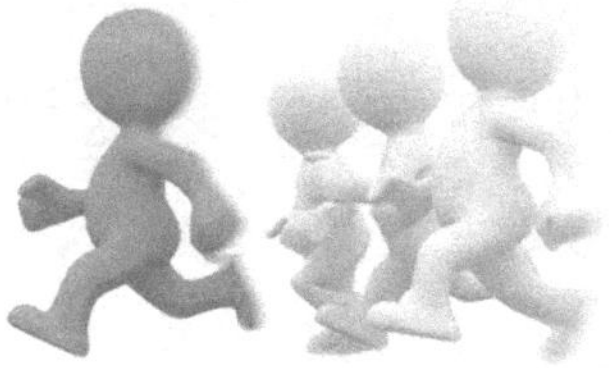

上课

杰克・迪亚兹是太平洋咨询公司主管销售和市场的副总经理，今年34岁，是个在异性眼中充满魅力的男人。他金色短发，蓝眼睛，看上去像个冲浪运动员，总会给人惊喜。作为主管业务拓展的领导，杰克负责所有政府类合同事宜，以及与各政府机构建立关系，他对此非常擅长。过去的几年里，杰克不仅完成了收入业绩指标，而且大大超出了预期。但是最近发生了一些事情，一贯温言细语的公司首席运营官伊赛亚正要找他。

伊赛亚・德夫，42岁的非洲裔美国人，高个子，皮肤光洁，棱角分明，非常沉着冷静。伊赛亚肌肉结实，身材修长，比公司里的大多数人都高。但他对任何人都不强势，特别在利昂面前。他喜欢利昂，对待他就像对待自己的父亲。在进入太平洋咨询公司之前，他就和利昂一起工作过。杰克是闪亮和引人注目的，而伊赛亚是矜持和保守的。

杰克带着一堆图表进入伊赛亚的办公室。现在正是北弗吉尼亚典型的夏季，湿热难耐，杰克没穿那件常穿的运动外衣，蓝色条纹衬衫的袖子卷了上去。“嗨，伊赛亚，我想我能解释发生的事情。”他说，“这事很糟糕，我是说糟糕、没救了，但我能很快扭转局面。来，你看。” 他打开带来的图表，占满了伊赛亚的整张桌子。

伊赛亚从他的金丝边眼镜后面饶有兴趣地看着。他等杰克的紧张情绪稍微放松下来一点，然后说：“请坐下，杰克，放松一下。”

“放松？”杰克就像听到了一个外文生词，“只是……”伊赛亚做了一个“请冷静”的手势，指向他办公桌前那把大椅子：“请坐。”

当杰克最终坐下后，他真的放松下来了。

伊赛亚微笑着说：“你在公司干得非常棒。我叫你来是要以个人名义感谢你。”

“感谢我？真的？”杰克在椅子里坐直了身体问。

“是的，从我看到的数据来看，太平洋咨询公司已经成为政府最主要的供应商，这主要归功于你和你的团队这几年的努力。”

“哦，那当然。谢谢您，谢谢您对我和我的团队的感谢。”

“我想了解，在这次经济下滑的局面下，我有什么可以帮助你的吗？”伊赛亚问。

“唔……我……嗯，我拿来了一些图表数据。可你问我……”

“你看，我知道单凭你或我，都无法改变世界经济形势。所以，我的问题是，你认为有什么问题是我能和你一起解决的吗？”

杰克想了一下，然后说：“有，是团队规模。”

“能解释一下吗？多说一些情况，帮助我理解。”伊赛亚表现得像佛陀一样冷静，温和地笑着说。

“当然可以。当工作进展顺利时，你能拿下很多业务，投中很多标。在那些时候，销售和市场推广相对容易，就像在养鱼塘里钓鱼一样。”

伊赛亚轻轻地点点头：“对。”

“但当鱼塘里的鱼都被钓光了，或者不再向里面补充鱼的时候，即使想钓到一条鱼都是非常困难的。所以如果你还想钓到和以前一样多的鱼，那就不得不增加人手。”

“听上去是那么回事。”伊赛亚缓缓地点头。

“问题是增加人手，就得增加开支。”

“你觉得问题确实是需要增加更多的销售人员吗？”

“是，也不是。”

“能解释一下吗？”

杰克对伊赛亚说，他确实需要增加销售人员，以度过市场低迷期，但这种情况可能仅需要维持一年左右。可是，他可以肯定，公司强硬的首席财务官桑迪·奥尔特曼不会同意，或者以增加了这一点点支出为由批评他的部门。杰克很担心被否决，但又确实需要帮助。他想尽可能增加市场营销、广告和销售支出，相比市场高潮期，现在支出这些费用更有必要。

“所以，更重要的是，你如何向桑迪解释增加支出的理由？”

“我认为是这样的。”

“你的话里没有自信。”

杰克解释说，他和桑迪合不来。桑迪那种过于严肃、严峻且敌意的态度，使他很紧张，他不愿意和她接触。结果就是，他和她说的事情，反而会“开倒车”——变得更棘手。

“那么，真正的问题是不是你和桑迪之间的关系呢？特别是在经济不景气的时候。”

“正解，就是这样。”

“我们能否分析一下，你和桑迪的关系对目前的工作有哪些影响？”伊赛亚说。

杰克解释道，自从他来到太平洋咨询公司，他与桑迪就一直不合拍。桑迪只关心数字，杰克和他的团队关心客户关系。桑迪从来不笑，不论是对杰克还是其他人。所以，除非迫不得已，杰克都对桑迪敬而远之。

“如果让你给你们的关系打分，1～10 分，由低到高，你打多少分？”

“大概 6 分吧。”

“好，还是 1～10 分，你认为和她保持良好的关系有多重要？”

“9 分或 10 分！”

“好的。你认为你和桑迪之间关系的理想状态是什么样的？”

“嘿，等等。你在对我使用那个教练式沟通法，是吗？”杰克说，“就是 J.C.说的那种方法，我才发现。”

伊赛亚笑着说：“大概是吧。对于某些重要的事情，这是一种探求问题本质的方法。”

“绝对是这样！我刚发现你在做什么，太好了。我们说到哪儿了？噢对，理想的关系。”接下来杰克对他和桑迪关系的理想状态进行了描述：双方可以定期沟通，聊些私事，随意些，带点儿幽默感；而不是仅限于谈工作，一脸严肃，一定要分出对错。这种沟通可以从一次友好的、开放的、放松的谈话开始，在这种氛围中，双方更愿意倾听对方的意见。

在伊赛亚的鼓励下，杰克对他预想的情况描述得很详细，比如两人一起吃午饭，一起喝咖啡，甚至可以带着她拜访一两个客户。讲完后，杰克面带微笑，看上去感觉好多了。

“好，那就这么做吧。我是说第一步，你打算做什么？从容易的事情入手。”伊赛亚说。

杰克想了一会儿，说：“我不是很确定。”

“如果她是一个新客户，你想发展和她的关系，你会怎么做？”

“那容易，我会请她吃午饭、聊天、放松。我，等一下，”他停顿了一下，“对啊，我可以请她吃午饭！”杰克的脸上浮现出一个大大的笑容，对他自己刚想到的这个主意点头赞许。“对，当然可以了。”与其说他在对伊赛亚说话，不如说他更多的是在对自己说。

“听上去这就可以开始了。你想什么时候做呢？”

“下周我不在市里，估计两周后吧。”

“太好了。你不介意让我了解进展吧？”

“没问题。还有，谢谢你，伊赛亚。”

杰克走后，伊赛亚看着他的魔术贴笑了，然后在一张纸上写了如下内容。

教练式沟通

- 什么、谁、如何、其他开放式问题。
- 四象限：起因、影响、理想结果、想法。
- “问题”往往不是真正的问题！
- 两周后跟进杰克的行动。

大约两周后，伊赛亚和杰克在当地一家星巴克咖啡店里喝咖啡。“杰克，进行得怎么样了？”伊赛亚问。

“非常好。我和桑迪接触多了起来，我甚至带她一起去拜会过几个大客户。”

“真的？你是怎么做的？”

杰克说在邀请桑迪陪他拜访关键客户之前，他在朋友、直接下属、一些客户及所有他能找到的人身上练习了教练式沟通法。由于给出答案和结论对他来说是很自然的事情，所以一开始他感到难以做到。慢下来倾听、思考和提问，以便更好地理解问题，做这些事情对他来说真的有点儿难。

“以前，我问一个问题，如果对方反应不够快，我就会说出答案让他加快速度。没有耐心是我最大的障碍。”

“观察得好。你还发现什么了？”

“当我通过提问，使自己慢下来时，我对事情的判断就更准确了。我获得了更好的决策信息，特别是我能更好地理解客户了。”

“你是怎么做到的？”

杰克解释说，他的销售风格一直都是虚多实少，喜欢向客户展示咨询服务虚化、浮华的那一面。

“我们所做的，就是向客户灌输所有信息。”他说。另外，他还会展示公司长长的知名客户名录。最近，杰克发现客户在他做演示的时候开始变得目光呆滞。所以，最近几次，他开始首先判断问题是什么。

“那么，效果如何？”

“非常棒。把时间和注意力集中在找问题上以后，我们能够辨明客户需要解决的真正的问题。然后，我会问他们问题对现阶段的影响。这样问题就完全暴露出来了。”

“怎么会这样呢？”

杰克说，当客户认识到问题对他们和公司的影响后，会更加热情。一旦他和客户都认识到了问题的严重性，客户想解决问题的需求就会变得迫切。接下来让客户描述理想结果就成为他向客户推销与介绍产品、提供帮助的良机。

“当客户列出理想结果的几个方面时，”杰克说，“我会认真地听，或者推荐一种我们公司的适用产品，或者推荐另一家合作企业，或者说出我能够给他们提供的帮助。”

“很好。”

“接下来，一周或两周后，我会安排后续会议，我将调研如何帮助客户。有时候能完成销售，有时候不能，但在每次工作的过程中，大家都很友善。我准备开始记录新工作方法带给我的收益。我真的很喜欢这套工作流程。”

“看到你的行动，桑迪说了什么？”

“当时我们在司法部。”杰克开始说，然后他回忆，他们正在为司法部培训和发展司提供咨询服务。杰克的工作联系人为他安排了一次与负责培训的副总检察长的会议。在会议的整个过程中，杰克都在提问，大家找出了问题，聚焦重点，并且建立了融洽的关系。

“会议结束时，新上任的副总检察长说他希望当他们一个月后再来讨论相同的问题时，要听取关于我们公司咨询能力的深入汇报，并且要求由我来做这个汇报。我当然同意啦。”

会后，杰克的联系人告诉杰克，他为杰克和他自己都感到高兴。

“当我和桑迪进入电梯时，从她嘴里说出的第一句话是：‘噢，我太吃惊了！’”

“我也是。”伊赛亚说。

4

危机

几个月过去了，树叶变得五彩缤纷起来。利昂把现在这个阶段称为“提问和倾听”阶段，一切都有条不紊地推进着。利昂和公司里每个人都聊过，了解他们在做什么，他们有什么意见，以及他们最想做的是什么。

一天下午，杰克・迪亚兹给玛格丽特打电话："汤姆・格拉夫又开始了。他在争夺咱们的每个客户，他给客户的报价低得连每小时 100 美元都不到，这太疯狂了。上周有四个客户给我打电话说这事，这周有三个。利昂需要了解这个情况。”

玛格丽特挂了电话就告诉了利昂，后者没有任何反应。玛格丽特起初以为利昂不知道汤姆・格拉夫是谁，她开始介绍汤姆的情况。利昂礼貌地制止了她："我很了解汤姆，太了解了。他曾经为我工作过。三年前，因为他在标书的事情上向一个客户撒谎，我解雇了他。”

“哦。”玛格丽特说，然后她微笑了，利昂也报以微笑："请在今天或明天早上召集管理层会议，我们要讨论一下对付汤姆的策略。”

第二天早上 8 点，高管团队全体来到会议室。

玛格丽特穿着简洁漂亮的运动衫和棕黄色的宽松裤子，亮眼的金发向后梳去，她坐在利昂旁边。利昂穿着他惯常穿的深蓝色西装、白衬衫，系着红色条纹领带，正式得像准备出庭作证。

杰克·迪亚兹穿着笔挺的开领 Polo 衫，冲进会议室，在桌子的最末端拉开椅子坐下。他把浅绿色的亚麻运动外套扔在旁边的椅子上，卷起袖子等着会议开始。

伊赛亚·德夫坐在利昂的另一侧，和玛格丽特正好对称。伊赛亚以前在两家公司为利昂工作过。实际上，当他在利昂之前的一家公司干些杂活性质的工作时，利昂发掘了他，帮助他接受大学教育，并读完了 MBA。

桑迪·奥尔特曼坐在伊赛亚的另一侧，她在太平洋咨询公司工作六年了，是会议室里资格最老的员工，也是这群人中最主要的怀疑论者。她 45 岁，矮小结实的身材，穿着保守，下身穿一条黑色肥腿裤子，上身是笔挺的白色亚麻带袖钉的衬衫，脖子上戴着一条造型简单的金项链。她戴眼镜，棕色头发向后梳得很紧，外表毫不起眼。但在她左脚踝处有一个中文文身，是一个词语——真相，可是有的员工认为真正的意思是“不要胡说八道”。

行政主管，同时也是玛格丽特的密友克拉拉，坐在玛格丽特的另一侧。在大学时代她曾是引人注目的学校足球运动员，33 岁的她拥有一头卷曲的黑色长发，迷人的咖啡色皮肤。克拉拉最近才被利昂招入公司，此前她在好几家公司工作过，上一家公司是岩壁咨询公司——汤姆·格拉夫的公司，她六个月前才离开。

J.C.威廉姆斯，高管教练，已经成为公司会议的常客，他坐在利昂正对面。身着常穿的西装，笔挺的衬衫配以牛仔裤。J.C.看上去就像以前在达顿商学院准备给 MBA 学员开始讲新经济和困难时期的领导力一样。

会议由利昂开始，他讲了岩壁咨询公司和汤姆·格拉夫的情况。他曾经与汤姆共事数年，他形容汤姆渴望竞争。事实上，他是在夸奖汤姆，利昂总是夸奖每个人。然后他说起了受到汤姆价格战影响的合同。

“我曾经两次警告过汤姆，他在介绍公司经验和实力时有不实之词，我不得不向客户进行解释。这之后，我认识到汤姆不是我喜欢与之共事的那类人，所以我和他达成协议，我祝他好运，他拿着一大笔赔偿金离职了。不用说他很不高兴，应该说是暴怒。”

“别开玩笑了，”桑迪说，“近来他在每单我们想拿下的合同上都和我们抢，他像一匹疯马一样对我们围追堵截。”

“像马的……”杰克脱口而出，但只说了半句，“他想用价格战杀死我们。我不知道这么低的价格他怎么挣钱。”

“他不打算挣钱。”伊赛亚轻声说。

大家面面相觑，每个人都沮丧地认识到伊赛亚可能说对了。

利昂字斟句酌地说："伊赛亚说得对。汤姆只是想抢占市场份额，我猜他是要搞垮我。汤姆真让人觉得可悲。"利昂告诉大家他所了解的汤姆。汤姆的竞争力超出常人，他不仅喜欢赢，而且痛恨在任何事情上失败。之前在利昂的公司因为不道德行为被解约，是汤姆·格拉夫此生遇到的最惨痛和最耻辱的失败。他现在对利昂的针锋相对超越了生意竞争的范畴。尽管利昂并不惧怕汤姆或他的公司，他还是认为太平洋咨询公司的高管团队应该将格拉夫视为企业的重大威胁，并团结合作去解决这个问题。

"所以，我要求 J.C.指导我们处理这件事。"利昂向 J.C.做手势，要他来接管。

J.C.挺直了腰，身体前倾，俯向会议桌："好吧，我请你们一起完成一个我称为'领导力即时团队教练法'的练习，这是时间紧迫时采用的一种团队解决问题的方法。"说着，他在大家面前打出那个已经很熟悉的教练流程图投影。

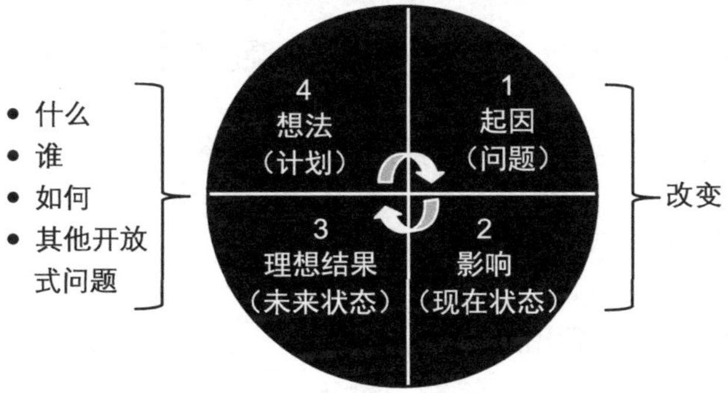

完成后的魔术贴

J.C.从桌旁起身走到活动挂图前，并说他将只提问，只问他们已经熟知的关键、简单的问题——什么、谁、如何、其他开放式问题；这四类问题他在公司全体员工大会上已经教过他们。他在活动挂图上写下了两条流程规则，并做了解释。

（1）只在有人（包括 J.C.）提问时，大家才能相应地表达自己的意见。

（2）作为教练，他有权提问、插话，并在必要时决定流程如何推进。

“大家都同意规则吗？有什么问题吗？”他停下来等大家表态。

大家都点头赞同。他将活动挂图翻到下一页，用大写粗体字写下“起因”一词。然后他问道：“好，确切地说，我们现在面临的问题是什么？”

“汤姆·格拉夫是个混蛋！”杰克说。大家笑起来。

“好吧，那么他怎么混蛋了？”J.C.问，“他干什么了？”

“他找到我们在联邦机构里的目标客户，向他们报出低于市场价格的报价。如果他失败了，就对投标提出质疑。每次都是这样。”

“他是怎么发现我们的目标客户的？”伊赛亚问。

杰克回答说：“我不知道。”

J.C.感谢伊赛亚提出的这个非常好的问题，然后提醒大家可以向任何人发问，但是只有在对方回答问题时才能说出自己的意见。这是一种有意识的能够快速直达问题核心的技巧。

接着，J.C.和大家“无情地”互相提问、回答。过了一会儿，J.C.暂停了问答活动，要求大家每个人拿一张索引卡，在上面写下自己认定的真正问题。大家给出了差不多的问题：汤姆·格拉夫想在这个产业中居于统治地位；汤姆·格拉夫想用一把铁耙子（价格战）抢夺客户，进而消灭所有的竞争对手。

接着，J.C.念了每个人卡片上的内容，问清了大家各自给出的问题，然后问大家，特别是利昂：他们找到真正的问题了吗？利昂坐直了，耸了耸肩。

J.C.又发起了新一轮 15 分钟的讨论，让大家写下自己的感觉。直到最后，利昂和所有人都认为问题在于：汤姆·格拉夫的公司对太平洋咨询公司来说是一个真正的威胁，因为汤姆·格拉夫的行为看起来不是为了赢得客户或市场份额，而是为了打击利昂和太平洋咨询公司。

克拉拉，这个在座众人中的运动员，说：“他好像和我们在超级碗（体育场）进行比赛，但他对伤害我们队员的兴趣远大于赢得比赛。”

“很好的比喻。”杰克说。

“好。”J.C.说。他又翻了一页写下“对现状的影响”。

“我们进行第二步吧。大家认为这个问题对现状有什么影响？”

杰克和桑迪与大家分享了他们的观点。杰克列出了被岩壁咨询公司特别盯上的 10 个客户。岩壁，这个名字显示了公司拥有者汤姆·格拉夫喜欢冒险和登山的爱好。桑迪指出，截至目前，对公司财务的影响是可控的，但是岩壁咨询公司最近抢走的几个客户已经开始影响公司年度收入指标的完成。“如果他继续下去，到年中时，我们就会变成受伤的小狗。另外，他对投标的抗议让我们支出了大量的法律费用，还不算为了应付这些毫无意义的抗议而花费的大量时间。”

J.C.笑着记下了她的一些情绪化的字眼。“还有吗？玛格丽特，你呢？”

玛格丽特看向利昂，她说她感觉汤姆·格拉夫本人第一件想做的事就是通过打击太平洋咨询公司来打击利昂，她觉得太平洋咨询公司像被杀手的瞄准镜锁定了。

“我喜欢这个比喻。它能帮助我们理解你现在真正的感受。谢谢你，玛格丽特。”J.C.说。然后他查看还有谁举手要求发言。讨论继续进行了10 分钟。

接着，J.C.又翻到一页空白的挂图，在上面写下了“理想结果”。

“咱们进行第三步吧：问题的理想结果是什么？如果太平洋咨询公司幸运地在今晚被魔杖敲了一下，明天一切都变得非常完美，岩壁咨询公司的威胁消失了，我们的业务又回到了正轨，那将是什么样的？”

随后的讨论非常热烈，利昂坐在那儿听着，时不时地做记录。

杰克说客户储备将回升至原来的 90%，“而且我们的中标价格将回升到原来水平的 75%以上”。

“还有吗？” J.C.挨个问每个人，像销售小组讨论一样。大家纷纷说出自己的理想结果：

- 账本上的记录变成黑色的（赤字亏损以红色标注）。
- 没有人员流失。
- 每天都有新的业务机会。
- 太平洋咨询公司盯上的投标和合同，将能大部分中标。

然后，J.C.中止了讨论：“伊赛亚，我发现你很安静。我得给你一个发言的机会。”

伊赛亚捋了捋修剪整齐的山羊胡：“我觉得这样的竞争可能有益于我们公司的健康。”

“有益健康！你疯了吗？” 杰克说。

J.C.像交警一样举手示意：“杰克，你回答的是哪个问题？”

“就是……”

“记住规则：只回答问题，不要主动表达或发言。好了伊赛亚，请继续回答我的问题。” J.C.把讨论拉回到正确的轨道。

伊赛亚表示，太平洋咨询公司的机构已经变得臃肿，缺乏危机感，销售人员变得懒惰。

杰克的脸涨得通红，竭尽全力地控制自己的嘴，不过看起来他随时会爆发。

“我们被汤姆·格拉夫偷袭是因为我们自己疏忽大意了，我们只是在循规蹈矩，而不是在销售。”伊赛亚继续说，“看，我说的不仅是市场营销，而是我们所有人都过得太舒服了，也包括我自己。我觉得直到现在我们才从沙子里伸出头来。”

伊赛亚一边说，J.C.一边在活动挂图上写着。

然后J.C.又说：“好，那我们开始第四步？作为一个团队，我们想怎么做？如何才能摆脱现状，到达我们的理想结果？我们应该不再做什么，或者开始做什么？”他再一次要求每个在场的人回答。

大家进行了大量的讨论。当准备结束会议时，J.C.问每个人下次会议前他们可以做些什么。大家一起总结出以下几项关键的任务。

- 杰克要在销售上发起一次反攻。
- 桑迪做好年底之前的指标计划。
- 玛格丽特帮忙给关键客户打电话。
- 伊赛亚主动申请对公司运营进行审核，以找出汤姆·格拉夫是通过什么途径发现太平洋咨询公司的意向客户的。

“我会和汤姆面对面谈一次。”利昂实话实说。

和以往一样，杰克吼出了每个人心里想说的话："什么!!"

克拉拉把黑色卷发向后一捋，对利昂说："在你和汤姆见面前，我可以帮着打探背景信息。我才离开岩壁咨询公司不久，对他的想法很了解。"

"首先，我会保证公司平稳运行，"利昂平静地说，"其次，我会很高兴帮助任何人尽快得到他所需的信息。"

"谢谢，"J.C.说，"让我们忘掉原来的工作方式吧，我们要在一条新路上奔跑了。"

最后，利昂说："我会把与汤姆的会面安排在……本周。"

会后，玛格丽特做了一些笔记以帮助自己进一步熟悉她学到的流程。

领导力即时团队教练法

- 只能回答问题。任何人都可以向他人提问题。
- 教练有权提问、插话，并在必要时要求调整流程。
- 象限：起因—影响—理想结果—想法。
- 问题：什么、谁、如何、其他开放式问题。

5

会面

感恩节前几天，利昂坐在岩壁咨询公司黑白色调的、空荡荡的等候室里。和前台说明来意后，他被领到汤姆·格拉夫宽敞的办公室。当利昂进屋时，汤姆并没有站起来。利昂控制住他的右腿，不想示弱。

“利昂，请坐。”汤姆说，没有伸出手来，“你的腿怎么了？”

“上年纪了。”利昂自嘲地一笑，小心翼翼地坐进椅子里，没再表现出腿脚不便。

“好吧。你今天来有什么事？”汤姆手枕在脑后向后靠去，就像和一个低级别员工随意交谈。

“我要和你谈的事情之一是关于你对投标的抗议，以及你抢走我的客户。”

汤姆的毛发直立了起来：“怎么了利昂，害怕竞争吗？”

两个人就公司竞争和职业道德进行了反复讨论。利昂对他之前让汤姆离开那家公司的事情表示遗憾。

“现在说这个正是时候，利昂。现在是你被踢了屁股，感觉如何？”汤姆直盯着利昂说。

“你看，我来这儿是想化解我们之间的敌意，使我们两家公司能够在市场上公平竞争，”利昂说，“不要背着你和我之间的隐形的精神负担。所以，汤姆，我怎么才能解决我们的关系问题？”

“你做不到！这就是我和你今天见面的原因。我要当面告诉你我不会罢休，直到把你对我和我的家庭造成的羞辱都奉还给你为止。这既是私事，也是公事。利昂，应战吧。”说到这儿，汤姆身体前倾，手掌按在桌上，就像一头准备出击的猎豹。

“听到这些，我很遗憾。汤姆，希望你能重新考虑你的立场。”

“我不会。我已经说了我想说的，现在请离开，利昂。”

利昂有些费劲地站起来，伸出手向他道别。汤姆看了一眼利昂的手，然后看着他的眼睛，摇了摇头。

当天晚上，利昂坐在自己的椅子里，旁边地板上趴着他的狗——罗斯科。罗斯科是一条澳大利亚斗牛犬，它总喜欢拖过一只袜子或一个皮球，利昂扔出去，它再叼回来。利昂几次把袜子扔到房间另一头，但是罗斯科叼回来得太快了，最后利昂说：“今晚就到这里吧，孩子。我累了。”

罗斯科抬头看着利昂，好像在等着利昂继续说。“罗斯科，我想艾玛了。”利昂说，他想起了已经病逝的、和他共同生活了 45 年的妻子。接着，利昂和罗斯科还有艾玛聊了起来，仿佛艾玛就坐在沙发椅上她最喜欢的位置。他一边告诉艾玛他有多怀念她，一边抹了一把脸上的泪水。然后他又向罗斯科道歉，说他太激动了。罗斯科好像听懂了，把头依偎过来，像在安慰朋友。

“有时候我奇怪为什么要收购太平洋咨询公司。我想证明什么？我还能干？我还有能力？”

利昂的手抚摸着头顶上稀疏的白发。最后，他两手捂住眼睛，好像在屏息思考。

“罗斯科，如果艾玛在这儿，她会把手放在我的肩膀上告诉我一切都会好起来。她会说：‘利昂，亲爱的，世界是不完美的。’”

然后利昂从咖啡桌上拿过艾玛的相框，对她说：“我想你，亲爱的。我太想你了。”

6 声明

感恩节那周的周三，太平洋咨询公司的六人领导层又坐在了会议室的桌子旁。利昂感谢大家到场，然后把会议交给 J.C.主持。

“好，咱们开始新的一次领导力即时团队教练法。每个人都做了什么？”

杰克介绍了他的业务拓展团队制订的一个两周后发动的攻击计划，他们希望到年底时，收入比原计划提升 20%。这需要技术投入、流程改善、增加人员，效果会非常乐观。杰克对利昂说：“我们提高了市场竞争的激烈程度，可能会引来汤姆 • 格拉夫更凶猛的动作。”

利昂只是浅笑着点了一下头。

桑迪给大家分发了一些数据表格，同时在会议室前部的投影上放了出来。数据非常具体而清晰，她表示，即便杰克的计划有一半得以实施，公司的收入也将增加 22%，净利润将几乎增加 3%。她罕见地微笑了：“你们知道我的习惯是有些保守的。”杰克不知道应该微笑还是皱眉，只能微笑了。

玛格丽特汇报，在和杰克商量后，她给重要客户打了电话，礼节性地询问他们有什么需求。她表现得像一个真正的公司客服代表：调查客户对服务的满意度，问他们认可公司的哪些方面，以及公司在哪些地方还可以改善。

“我很高兴地汇报给大家，我们的前30名大客户对我们的满意度非常高，”她说，“真的，非常明显。我有详细的资料，对于三大主要方面——质量、服务和对客户的响应，90%的评价都是积极的。”

“谢谢玛格丽特。你呢，克拉拉？”J.C.问。克拉拉分发了一份标题为“岩壁咨询”的三页纸的背景介绍。“我来给你们做一个精彩的报告演示。”克拉拉说，“岩壁咨询公司有进取精神，而且资金充裕，但它有些胆大妄为。汤姆·格拉夫的个性鲁莽，喜欢冒险，好斗。他的动力更多来自愤怒和竞争，而不是企业战略。具有讽刺意味的是，愤怒既激发了他的积极性，同时又是他的弱点。”

“呵呵。”杰克代表了大家此时的轻松心态，他的举动通常都能反映出整个团队的情绪。

克拉拉说汤姆曾经几次在发怒时做出鲁莽的举动，并确实沉重地打击了对手。另外，他也惨败过，例如，当他和另一家资金实力更强、更有策略的公司针锋相对时，“他的表被清零（被彻底打败）了”。当时，他一怒之下起诉了对方，对方反诉。结果汤姆损失惨重。

J.C.颔首说道："确实很有趣，谢谢克拉拉。伊赛亚，你那边有什么有趣的事情吗？"

伊赛亚抬起头苦笑："简直就是天堂里的另一天[①]。"

大家咯咯地笑出声来。

"说正经的，我检查了我们的业务运营状况，运转得不流畅，但也没有太多明显的问题。另外，我还没发现汤姆是如何判断我们的目标客户的。不过，我已经警告过在座的诸位和你们的员工，不要在办公室以外的地方谈论我们的市场活动。"

"谢谢伊赛亚。利昂，你想和大家说说你与汤姆见面的情况吗？"

"嗯，感恩节前，我去拜访了汤姆……这么说吧，不是一次愉快的经历。"

大家都大笑起来。利昂介绍了见面的大致情况："关键是，汤姆已经向我们公司宣战了。"

利昂感谢大家配合 J.C.完成了领导力即时团队教练过程，尤其是面对这么棘手的问题。然后他说："尽管商战是最低效的赚钱方式，我们还是不得不做好准备。但我们必须行动敏捷，而不是被动应对；必须看

① 《天堂里的另一天》（*Another Day in Paradise*）是 Phil Collins 最出名的一首歌，其翻唱版本多达数十种，这首歌像一首叙事诗，通过 Phil Collins 充满感情的歌声，表达了对弱者的同情和对"天堂"社会里阴暗面的思考。

全局战略，而不仅是一次战斗的得失。”

他要求下一步的计划制订、团队决策更加有条理，更有战略性，而且更加谨慎，必须是深思熟虑的结果。J.C.将在不久之后举行的下一次会议上，应用更具战略意义的领导力行动学习法。

接着，利昂清了清嗓子突然转变了话题："感恩节期间，我决定把公司捐献出来。"

听到这句话，所有人都倒抽了一口气。利昂具体解释了一下。首先，他告诉大家他一直希望在他的公司里员工能持有股份。他的律师向他介绍了雇员持股计划（Employee Share Option Plan, ESOP）。

“你是说像伊索（Aesop）预言？”

利昂大笑："不是伊索预言，杰克。ESOP 是雇员持股计划。”他给大家传阅了一份有关 ESOP 的说明书。“从实质上说，我要把公司的所有权送给每个在这儿工作的人。”

克拉拉问："这意味着什么呢？"

“从公司的日常经营上说，没什么改变。我还是首席执行官，你们都还是管理人员。”

他进一步解释，当公司完全由员工所有时，员工会表现得像股东和主人。关键是，包括管理人员和一线员工在内的所有员工，将能够共同影响太平洋咨询公司的行为，就像所有上市公司的股东一样。他们可以对年度预算、战略发展方向和谁来主持公司投赞成票或否决票。

“情况可能会变得有点儿复杂，但最重要的是，这对员工和在座诸位都是一件好事，特别是我们还要继续开展我们擅长的业务，实现我们的战略。”

“不好的一面是什么？”杰克问。

桑迪说话了：“员工在如何运营公司方面有了更大的话语权。有时可能会出现对控制权的质疑，需要确定谁来管控公司，并且确定管理人员的选聘流程。”

利昂插话说：“听我说，我这辈子已经完成过好几次 ESOP 了，对这个领域了解得很清楚。我要求你们做的就是在我一步步实施这个计划的时候，给我信任。我会向你们做详细的解释，然后再解释给员工。总之，就像我说过的那样，所有的员工和在座的各位都会在经济上成为受益者。”

利昂边让高管团队看资料，边说：“你们看，底线是员工至少会持有一股。我会分配股份，你们每个人都会在公司持有丰厚的股份。如果你们能坚持为公司工作五年，你们就发财了，所有员工都一样。”

首席财务官桑迪·奥尔特曼说：“利昂，你太慷慨了。你确定要这么做吗？”

“毫无疑问。”

其余的人坐在那儿，目瞪口呆，不停地反复看着资料。

玛格丽特问："但是，那是不是意味着您会丧失很多股份和控制权？"

"是的。"

"我能问您为什么要这么做吗？我想了解您的想法。"玛格丽特缓缓地说。

"你能看到，我不年轻了。"利昂笑道，"所以，我能做的最好的事情就是回馈。"

"回馈？"

"看，我一直运气很好，创造了很多……这么说吧，我的财务状况非常好。"利昂解释道，"但是对我来说，生命就像专利，你用它盈利，购买资产，做生意，起起伏伏……但最终，你必须把所有的钱和产业都放回专利盒子里。未来等你去世了，别人才能继续玩。产业不属于任何人，我们只是利用它们，然后把它们放回盒子里。这就是我想做的，把产业和钱放回盒子里。"

"谢谢您，"玛格丽特微笑着温柔地说，"非常感谢。"

利昂点了点头。

桑迪也表示感谢："谢谢你。"

“对，谢谢你，利昂。”杰克突然说，“我想我能理解你了。”

每个人都大笑起来，特别是利昂。然后会议结束，只有利昂和玛格丽特还坐在桌边。玛格丽特整理好她的文件，准备起身离去。利昂说：“能留下聊几分钟吗，玛格丽特？”

“当然。”她说着重新坐下。

“你知道，我非常满意你的工作。”

玛格丽特脸红了。

利昂说他需要更多的帮助，特别是在启动并实施 ESOP 的过程中，他需要更多的支持。因此，如果玛格丽特愿意的话，他想任命她为企业行政官，并担任他的幕僚长。

“幕僚长？那是什么职位？”

利昂解释说他需要有人在 ESOP 的实施过程中，协调各方的工作，并在这次重大调整及后续的工作中，平衡高管团队中每个人不同的个性，使他们和睦相处。他告诉玛格丽特他已经和公司的首席运营官伊赛亚说过了，他们二人将共同合作，紧密沟通。

“伊赛亚同意吗？”

“他举双手赞成。他是个安静的人，你爱交际，能和别人打成一片，这正好在调整期间能与他互补。他明年有好多事情要做。”

“呃，我真不知道说什么好。”她直视着他，耸了耸肩。

“说‘是’就行，”利昂笑得很欢快，“而且你的薪酬也会上涨。”

“太感谢您了，我一点儿准备都没有。”

利昂微笑着请玛格丽特扶他从椅子上站起来。

站起来后，利昂发现玛格丽特眼里含着泪水，他轻轻地拍了拍她的肩膀。

“我原来以为今天是个开心的日子。”利昂说。

“噢，是的，绝对是。我就是想我能让我母亲获得更好的照料了。”

利昂不太知道玛格丽特母亲的事，只知道她有一些“健康上的问题”。

“我能问她身体怎么样吗？”利昂问得很直接，他自己都觉得问得不够婉转。

“当然可以。我母亲 75 岁，她得了早期老年痴呆症。”

利昂呆立在原地，好像在给艺术家当模特。

“利昂，您没事吧？”玛格丽特问。

“没事，”他停顿了一下，拿捏了一下说话的分寸，“我过世的妻子艾玛最终死于老年痴呆症的并发症。所以，我对这种残酷的病症很熟悉。”

“真为您妻子难过。我母亲目前身体机能还正常，但我非常想把她送到护理机构去。有的时候她会忘事，比如忘记关灶上的火。”

“我非常了解。我想找一天见见你母亲。”利昂说。

玛格丽特犹豫了一下：“我下周会和她一起吃晚饭，如果您愿意，就在那天吧。”

“好极了，”他笑着说，“我不能对我的新任幕僚长说不。”

ESOP 的消息传播的速度飞快，公司里的每个人都在第一时间对应该如何成为员工股东发表了专家意见。对于一般性的问题，利昂定期召开会议，并建立了一个公司局域网用来专门提问和回答问题，计划实施的整个流程都是透明的。

玛格丽特升职的消息传得一样快，并得到了普遍认可，尤其是高管团队的成员们，他们认为玛格丽特是那个能够推动利昂和高管团队通力合作的人。

7

第一次试验

第二天上午，邮差送来了挂号信。玛格丽特拆看了信，然后把它带给利昂。从她紧锁的眉头中，利昂知道这不是好消息。

“是投标抗议，汤姆·格拉夫向财政部咨询工作组提出的。”她说。

“我看到了。太糟糕了。”

“这会影响合同的发包吗？”

“是的。”

玛格丽特犹豫着问：“这意味着要临时裁员吗？”

“不。只要我管这家公司，就不会发生这种事。”利昂表现出玛格丽特从未见过的严肃。

“太好了。这下我放心了，我刚买了一间新公寓。”

“我会要求 J.C.今天和我一起开个会。如果他有时间的话，请你在他来之前几分钟把高管团队召集到会议室。”

下午 2 点，高管团队全体成员围坐在太平洋咨询公司的会议室里。在利昂发言之前，玛格丽特向在座的每个人分发了投标抗议信的复印件。然后，会议由利昂开始。

“谢谢大家在临时通知下都能来参加会议。”他说，“我希望你们都能了解投标抗议的事情，并告诉你们我处理这类麻烦的思路。”

利昂说他经历过很多政府项目的投标抗议，有的是对他的公司，有的是对他作为企业顾问的公司。“投标抗议很讨厌，处理起来浪费时间和金钱，但这就是和政府做生意不好玩的事情之一，就像缴税一样。”每个人都笑了。

“但我的观点是，当这类事情发生时，我的思路是把它们当作暂时性的麻烦，可以从中吸取教训，但不要老想着它。所以不会有临时性裁员，不要互相指责，不要发生类似的事情。你们都知道，我和汤姆·格拉夫之间以前有过节儿，这次的捣乱肯定和那有关系。汤姆喜欢胜利，特别是在对手中有我的情况下。”大家都露出了微笑。

利昂说他要说些比投标抗议更重要的事，他要重新审视公司的发展方向，以这次投标抗议事件为契机，使高管团队把目光聚焦到太平洋咨询公司的未来上。他要求高管团队开始战略性思考。要做到这一点，他要应用一种领导力行动学习团队教练法来做决策。他想今天就试验一下。

“我请 J.C.来帮助我们进入下一个阶段，帮助我们制定向前发展的战略。所以 J.C.，谢谢你今天这么快就来了。” 利昂向坐在他旁边的 J.C.示意。

“利昂，谢谢。”

紧接着，J.C.说他们已经练习过一种领导力行动学习团队教练法，一次是在实践应用领导力即时团队教练法解决汤姆·格拉夫问题的过程中，更早一次是利昂刚接手公司时他们见到教练模型那次。“所有的事情都是有关联的，” J.C.说，“所以，这次只是把流程精细化了。”

“好，我教给你们‘推特’版行动学习法，这是用来做出决策的，我称之为领导力行动学习团队教练法的基础。” 他笑着说，“行动学习法从本质上说是一种聚焦于问答的集体行为，能够帮助团队解决重要的业务问题，使领导者在这个过程中变得更好。”

“啊？” 杰克耸了耸肩表示不解。

“抱歉，我先介绍一下背景。”

J.C.介绍道，行动学习法是瑞格·埃文斯于 20 世纪 40 年代发明的。埃文斯在剑桥大学卡文迪什实验室与不少诺贝尔奖获得者共事，这些头脑发达的物理学家之间恭敬、有效的共事方式给他留下了深刻的印象。在解决复杂问题时，他们提出大量问题。关键是，他们提出的问题促使他们去寻找答案，并引向更深层次的问题和答案。最终，他们掌握了知识。这使埃文斯产生了创立行动学习法的想法：通过互相提出坦诚、认真思考过的、有礼貌的问题和回答这些问题，能够获得最好的学习效果。事实上，我们每天、每时每刻都在提问题。室外天气怎样？这个问题促使我们去看温度计，然后决定是否穿上厚重的外套。我的新老板喜欢什么和不喜欢什么？这个问题促使我们去观察，收集资料，做出判断，最终找到能最好地与新老板合作的行为方式。

接着，J.C.停了一下，准备创造戏剧化的效果。

“绝对可行！”他说，“卡文迪什实验室产生了 29 名诺贝尔奖获得者！这是一套提问的方法，而不是给出答案；这是解决重大、复杂而又存在多种可能性的问题时，简单而极有效的方法。”

J.C.说这套流程既简单又高效，但一开始并不符合人们做事的直觉。

“我不说太过深奥的学术理论，你们的大脑在大多数情况下运行着两套系统。系统一工作起来迅速、无意识，每天要做成千上万个快速、无意识的决定。大多数时候，决定是正确的，但有时就不那么正确！”他说。然后，他告诉大家，如果快速思考的大脑遇到的问题超出了它的经验范围，进入了陌生领域，但是大脑仍然快速运转，它就要出错，就会造成损失。

在大脑中工作的另一套系统是系统二，它运行缓慢，主动意识更强烈。它是大脑的安全检测仪，就像审计员一样。正因为它运行缓慢且有主动意识，所以它会考虑清楚后果并做出更好的决定。但在系统一的狂轰滥炸下，它会疲劳。就像父母尽管不同意，但仍经常地向纠缠不休的孩子说“好吧”一样，系统二也会做出让步。

成功的企业会监控系统一的思维，特别是在进入未知新领域时。这些企业会亮起“减速黄灯”，包括制定政策，实施监管，制定检查清单。所有这些的目的在于不让凭直觉决策的趋势盖过准确的判断，特别是当面对事关重大利益的事项时。事实上，人们普遍不善于监控系统一。

领导力行动学习团队教练法给团队或组织提供了重要的“减速黄灯”，确保决策思路是主动的、多元的、理性的，特别是当问题重要但不紧迫时。换句话说，当思考重大的、长期的、战略性的政策和指导原则时，领导力行动学习团队教练法有两个绝对优势：第一，流程会强迫你主动思考；第二，你能从中学到很多领导力的最重要的素质——倾听、尊重、提问、谦逊，以及慢下来综合思考其他人提出的多元化意见。

“我解释一下领导力行动学习团队教练法的应用。”J.C.说着走到活动挂图前，挂图上写着一些句子，他做了解释。

（1）利昂是“提出问题的人”。

a．利昂用几分钟时间介绍问题。

b．大家提问，弄清楚问题。

（2）团队应用领导力行动学习团队教练法解决问题。

a．J.C.将主导教练过程，但不参与。

b．在座的团队成员参与教练过程，他们都是专家，比任何人都更了解太平洋咨询公司。

（3）所有人都要对“学做一个好领导”持开放的心态。

a．领导力行动学习团队教练法使我们放慢思考，避免因为着急而做出错误的结论。领导力行动学习团队教练法打造主动的、多元的、理性的思维。

b．行动学习法给出了很多领导力的行为方式，例如，如何有礼貌地发言，如何倾听，如何表现出谦恭的态度（这是重要的领导力行为方式）。

c．这种学习对领导力的培养非常关键，就像MBA课程曾经希望做到的那样。

（4）主要规则。

a．任何人除了直接回答问题，不能主动发言。

b．你可以向任何人提问，也可以向整个团队提问。

c．作为教练，J.C.为了提升大家的学习质量或要做点评时，可以中止讨论过程。

当J.C.讲清楚规则时，大家都点头表示理解了。J.C.说：“好，利昂，你能否在2~3分钟内，告诉我们你认为将要面对什么重大问题？”

利昂描述他认为公司面临的重大且长期的问题。他特别谈到太平洋咨询公司没有一个清晰的战略。他看过所有能找到的关于本公司的业务研策，但仍然不知道公司未来的发展方向——这也是他收购太平洋咨询公司的主要原因。他认为公司需要更清晰的战略、愿景和发展动力。

在他发言时，J.C.在活动挂图上画出了“教练法流程”。

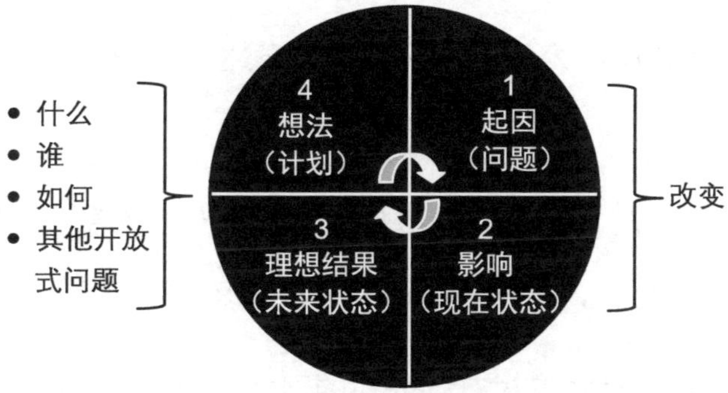

教练法流程

“你们以前看见过这张图，一次是我在公司员工大会上讲话时，另一次是我们应用领导力即时团队教练法解决汤姆·格拉夫的问题时。我们接下来还要用到它，帮助我们理解利昂提出的问题——战略。”J.C.说，“注意，关键问题是什么、谁、如何、其他开放式问题。我们从四象限中的‘起因’象限开始。只有搞清楚了真正的问题，我们才能走出这个象限。什么时候可以进行下一步，我会让你们知道。好了，谁想第一个对利昂提问？”

很自然地，杰克第一个举手，问道：“你是否想过浏览其他公司的网站，参考它们的战略理念？”

正如 J.C.曾在开场白时说的那样，当他需要进行干涉时，他就会介入并暂停讨论："杰克，你怎么提这种问题？既不直截了当也不重要？"

"直截了当？这不就是一个问题嘛。"

"换另一种问法。不要看上去是问题，实际上却在告诉利昂你认为他应该怎么做。也许你可以用我们讨论过的关键问题。"

"好的。比较同类公司对企业使命的表述，对确定我们的企业战略有哪些帮助？"

"比刚才强点。" J.C.说。他忍住冲动，没有以不是"重要问题"为由再表示反对。而且，他靠在椅背上示意大家继续。

利昂回答说，他浏览过其他公司的网站，但还在找可参考的网站。

"利昂，你对于确定公司愿景口号的经验是什么？"

"我喜欢的愿景口号是基于现实的，是公司日常文化的一部分，而不是框起来放在会议室里供董事会欣赏的。"接着，他介绍在他上一家公司，愿景口号随处可见，就像墙纸一样成为背景，以至于没人关注。在太平洋咨询公司，他想来点儿不一样的：战略和愿景应该是鲜活的、真实的，并且是可实现的，或者至少是能够朝之努力的。

讨论继续。15 分钟后，J.C.插进来打断了大家："停一下。我观察到克拉拉和伊赛亚一直没有提出问题。所以，我要问一下你们两位现在要提问，还是就这么'过'了？"

克拉拉先说道："我觉得大家说的大方向是对的……我现在没什么要问的。"

"好，理由充足。你呢，伊赛亚？"

伊赛亚坐在那儿等了几秒钟，给人的感觉是过了好久："好吧，我有一个问题要问利昂：你对太平洋咨询公司的未来有什么期望？"

"非常棒的问题，伊赛亚！"利昂说。然后他坐在椅子上思考了一会儿，回答道："我期望太平洋咨询公司会给客户提供冷静而清晰的咨询服务，就像一个可信赖的朋友一样。"

"好。那么，你的愿景就是帮助公司成为可信赖的朋友？"伊赛亚问。

"差不多吧，我不太确定。"

"那你要我们做些什么？"

"我觉得我需要你们思考如何表达那个未来的愿景，并且帮助我将它清晰化。"

伊赛亚点头："好的。"

J.C.身体前倾，说："谢谢你伊赛亚，你帮助我们统一了思想。现在，每个人拿出一张纸，写下你认为的问题是什么。"

5 分钟后，J.C.要求大家念出他们写的内容，包括：

（1）利昂要我们帮他想出愿景。

（2）利昂要为公司制定战略和愿景。

（3）利昂感到困惑，需要找到方向。

还有其他的问题。

“好，主要有哪些问题？”J.C.问。

答案分成几类，但都围绕利昂要制定的战略和愿景。大家听上去不是太肯定，有些困惑。因此，J.C.让大家返回讨论，重点是提问题。

又经过了10分钟高效率的问答后，J.C.叫了暂停，让大家写下他们认为的问题。他把这些问题写在活动挂图上的黄色便利贴上，并给它们编号。

（1）利昂对太平洋咨询公司抱有很大的期望，他要我们所有人描述出未来的理想愿景及可达成愿景的战略。

（2）利昂很关心太平洋咨询公司的未来。

（3）我们需要一个愿景，否则我们永远无法长大。

（4）客户和我们的团队都需要清晰的（公司）愿景。

（5）如果我们自己都没有战略，我们怎么帮助别人确定愿景和制定实现更美好的未来的战略呢？

写满了一张纸后，J.C.问利昂，这些内容是否符合他的想法？

“都非常好。但今天我不得不说，第 5 个最接近我的感觉。当我们自己都做不到时，我们怎么完成客户交代的工作——为他们提供战略、愿景方面的咨询服务。对，我想这就是我的大问题。”

J.C.征得了利昂和大家的同意，开始进入第二步——描述影响象限：太平洋咨询公司目前缺乏战略的现状将如何影响它的未来。

杰克再一次第一个做出反应，他从钱包里抽出一张卡片：“这上面是我们现在的愿景价值观——太平洋咨询公司渴望成为业内最好的咨询公司，并成为客户成功旅途上的合作伙伴。”

J.C.认为杰克只是做了一个注解，而不是提出问题。所以他问大家谁能开始第一个提问，可以围绕杰克刚才念给大家听的那段话。

玛格丽特问道：“杰克，你念的愿景价值观对我们和客户意味着什么？”

“我觉得是：做到最好，帮助客户达成目标。”

从这里开始，围绕太平洋咨询公司目前的战略和愿景究竟有什么含义，热烈的讨论持续了 30 多分钟。大家都认为这个表述仅能描述“当前的情况”，而且过于模糊，所以无法体现出效果。在讨论进行到 20 分钟时，大家得到了一些共识：关于公司使命（愿景）的表述没什么问题，但比较肤浅，无法让人记住和重复；它对公司的日常业务没有带来实质性的促进作用。

“对，”伊赛亚说，“那么这个愿景对公司有什么影响吗？”

“我觉得它损害了我们的竞争力。”杰克说。

克拉拉之前一直没发言，她问大家：“我们是如何确定这个愿景的？”

“我们没确认过，”玛格丽特说，“至少我不知道。”

从这一点上又延伸出了其他问题：公司什么时候有过战略愿景？员工对愿景和战略是怎么想的？定义愿景时，利益相关方（如客户和供应商）是否参与了？没有清晰的愿景对业务、员工情绪和公司财务有何影响？产生了什么障碍？如果维持现状什么都不做的话，会付出什么代价？

对这些问题进行讨论后，得出的答案清楚地显示了现实情况：

- 公司一直有一些“象征性”的战略，但没有核心要点，没有体现激情。
- 几乎没有征求过员工的意见。战略几乎都是最核心的管理人员和外部咨询顾问一起制定的。
- 没有征询过利益相关方的意见。
- 影响是负面的，有些时候甚至对公司造成了严重伤害。
- 公司发展显得没有方向，而且这种情况已经持续多年了。

当讨论接近尾声，再没有新的问题出现时，J.C.说：“讨论得很好。

现在我们了解了太平洋咨询公司的战略问题对公司现状的影响。那我们能否谈一下理想结果是什么样的？”

大家都点头赞同。

“那好，如果太平洋咨询公司具有理想的、强大的愿景和符合公司发展要求的战略，会怎么样？”

大家讨论的积极性更高了，他们提出了以下这些问题：我们想变成什么样？转变的过程中我们想发现什么？我们想改变什么？

经过一番回顾和展望，伊赛亚最后的发言为这一轮讨论画上了句号：“大家的讨论给我的感觉是，我们的理想是把太平洋咨询公司打造成政府机构愿意与之合作的、伟大的员工愿意为之工作的政府业务承包商。”

在接下来的 45 分钟里，大家总结出了以下愿景和战略能够给太平洋咨询公司带来的理想化结果：

- 我们将与客户、股东及员工合作得更加和谐、默契。
- 我们在帮助客户确定他们的发展方向时，将做得更好。
- 我们将清晰地辨别出谁是我们的最佳客户群体。
- 国际客户和战略合作伙伴将感到我们的高管团队变得更好。
- 员工不愿意离开公司，而且有大批的人想加入我们的公司。

J.C.清了一下嗓子：“咱们谈一下关于理想结果的另一个命题。我希望咱们都做系统性思考——我们应如何与太平洋咨询公司所赖以生存的商业生态体系相处融洽呢？”

克拉拉问：“商业生态体系具体是指什么？”

J.C.微笑着解释，但很注意不参与到讨论中去。他提醒大家：他只负责流程，具体讨论是他们的工作。但是，他在活动挂图上给出了进行SWOT 分析的方法。

“你们可能希望对‘公司内在优势和劣势、外在机会和威胁’进行分析，这是一种研究公司战略的标准流程，当然它不是唯一的方法。”J.C.说。

桑迪·奥尔特曼，目光坚毅的首席财务官，说道：“从内在来说，我们有非常好的员工忠诚度和目前相当强的技术能力。劣势方面，我们的系统工程和云计算缺少应有的标准。”

J.C.根据她所说的，在 2×2 的分析模型中写下了很多内容。

SWOT 分析一

内　在	外　在
优势：忠诚的员工，技术优势，客户基础……	机会：
劣势：系统工程和云计算缺少标准……	威胁：

克拉拉要求 J.C.明确“外在机会和威胁”是什么意思。他解释说，就是外部环境，包括经济状况、世界大事、政府活动，以及公司无法控

制而又会对公司造成影响的事物。

外在威胁的内容不断增加，如经济发展受挫，中东局势不稳定（这意味着石油资源的争夺）等。

然后，伊赛亚问："好了，了解了这些威胁，太平洋咨询公司该如何应对它们？"

"应对？"杰克问。

"利用……从乍看起来艰难的局面中获取最大利益。"

桑迪说道："呃，我们是虚拟企业，不会因为上面这些威胁而中断业务。"

其他的问题和答案有：太平洋咨询公司不需要支付燃油费用；很多人的工作都是虚拟性质的，他们不局限于本地客户，可以从世界各地获得客户。

大家都说完了，J.C.在 SWOT 分析模型中填上了更多内容。

SWOT 分析二

内　在	外　在
优势：忠诚的员工，技术优势，客户基础……	机会：虚拟企业，国内业务能力和国际业务能力，灵活，速度……
劣势：系统工程和云计算缺少标准……	威胁：成本可能上涨，业务会因各种不确定性而减少，恐惧可能导致业务瘫痪……

当讨论到利益相关方时，大家将很多人都列为利益相关方，如员工、他们的家人、企业所有人、投资人、高层领导、企业内正在崛起的员工、新入职员工、未来的员工、竞争对手、工作类合作伙伴、当地商业社团等。看起来一旦确定了一个利益相关方，就会带出来另两个。

“当你停下来仔细思考时，利益相关方随处可见！”杰克绷着脸说。其他人都忍不住笑了。

就像他一贯的作风，他从不考虑自己说了什么。

J.C.看着大家，又看向他的手表。“我感觉我们快讨论烦了，该收工了。”他说，“现在，准备第四象限——计划和分工。咱们约定每两周开几小时的会，在下次开会之前，你们每个人都要做些工作。那么，我们在下次会面之前，大家都做什么呢？”

桑迪·奥尔特曼愿意做 SWOT 模型，并列出重要利益相关方的清单。她说她会用调查猴子（一家著名网络调查公司）了解员工的想法。

伊赛亚说他将负责理解战略思路和重点利益相关方的想法。他将和在座的每个人深入地交谈，做一次匿名调查，与重要投资人和客户谈话。换句话说，他要了解重要的利益相关方的想法。因此，在桑迪考虑利益相关方名单时，他将与她密切合作。

克拉拉自告奋勇去研究新的扩张和管理对支持系统的要求，如信息技术、采购、会计，以及整个系统应如何支持新的战略意图。

杰克说他头疼，下次会议之前他得吃点儿泰诺！大家大笑。然后，他表示要观察全部市场营销活动，并考虑营销体系应如何改组更新，以升级的模式来适应未来的扩张和精细化的要求。

玛格丽特表示她会对公司的所有历史数据和所有合同（签署的合同和没签署成功的合同）做全面的整理研究，分析出有用的信息。

利昂走到会议桌前面，清了清嗓子说："首先，我要感谢 J.C.非常优雅地引领着一群如此粗暴的人。"他微笑着眨了眨眼睛，"我还要感谢你们所有人，你们搭建着太平洋咨询公司的未来。我在下次会议前的主要工作就是不要碍你们的事儿！"

J.C.走过来说："利昂，谢谢你的鼓励。也谢谢大家，今天整个过程中，你们表现得太棒了。你们今天作为领导者学到了什么有帮助的东西吗？利昂，你学到了什么？"

"我学到了，问题并不总是你头脑中最先意识到的东西。"利昂回答。

杰克说："我学到了，提问题和真正的倾听是多么困难。"

玛格丽特说："我学到了，如何用有效的问题使大家停下来思考。"

桑迪说："今天的讨论帮助我增强了好奇心和耐心……这是我在家庭和工作中都需要的！"

克拉拉说："我同意大家说的。"

杰克叫着：“别这样，克拉拉。你学到了什么？”

克拉拉说：“我学到了，我真的能在讨论中做出贡献。”

最后，伊赛亚说：“我学到了，我的天性很适应这套流程，我感觉非常好。”

J.C.再次感谢每个人并提醒他们两周后带着工作成果来参会。

他讲完话后，玛格丽特花了几分钟时间整理出今天的笔记。

领导力行动学习团队教练法

（1）重要规则。

a. 除非回答问题，否则任何人不准发言。

b. 可以向任何人提问，包括向整个团队提问。

c. 为了提升学习效果或解释流程，教练可以叫停流程。

（2）问题提出者用几分钟时间陈述问题。

a. 问题提出者本人为了弄清楚问题，也可以提问。

b. 每个团队成员都写下他对问题的理解，并大声念出来，与问题提出者讨论。

c. 在团队确定了“真正的”问题之后，教练应用领导力行动学习团队教练法解决问题。

d. 教练只负责教练流程，不参与讨论内容，团队成员专门负责讨论内容。

（3）团队对任何有利于大家成为优秀领导者的事，都持开放态度。

a. 领导力行动学习团队教练法（提问）让我们放慢思考，避免得出快速但错误的结论。领导力行动学习团队教练法促使我们主动、多元并理智地思考。

b. 领导力行动学习团队教练法培养良好的领导者作风：倾听、礼貌地发言、恭敬，这些都是优秀领导者重要的行为方式。

8

晚餐

自从玛格丽特向利昂提到了她母亲的事，利昂对她母亲的病情发展情况非常关心，他们两人曾几次讨论这个问题。最终，当利昂在餐厅见到玛格丽特和她母亲露丝·托马斯时，他大吃一惊，露丝瞬间使他想起了 70 多岁的艾玛。

“玛格丽特，抱歉我有点儿迟到了。”

“没事，我们也刚到。利昂，这是我母亲，露丝。”

这个苗条、穿着入时的女人身着灰色套装，坐在玛格丽特对面。夹杂着银丝的浅色金发梳着短蓬发型，指甲修整有型。露丝正拿着一本菜谱以一种有点儿奇怪的、孩子气的表情看着。

玛格丽特起身走向她母亲，温柔地把手放在她肩上说:“妈妈，我来给你介绍利昂。”露丝看上去吓了一跳，好像刚回过神来。

“我的上帝啊，玛格丽特。”露丝回答道。

玛格丽特俯下身，眼睛与露丝平视着:“妈妈，你能听见我说话吗？”

“当然，玛格丽特。”露丝现在完全清醒了。

“妈妈，这是利昂·鲍施，我的老板。”玛格丽特介绍说。

本能地，利昂扶着椅子半跪下来，看着露丝的眼睛：“你好露丝，我是利昂。”他的声音比玛格丽特以前听到过的都要响亮，不像平日那个声音温柔的律师。

露丝立即被他吸引了。“你好利昂，我是露丝。”在那一刻，露丝的声音忽然提高了，并且更有主动意识。几个月来，玛格丽特第一次听到母亲的真实声音，她期待听到这种声音已经太久了。母亲的这种变化就像控制开关从“暂停”转为“运行”一样。

利昂站起身在露丝右边的椅子上坐下。玛格丽特坐在他们对面，对刚才那一幕感到很惊讶。

晚餐的氛围非常好，主要是玛格丽特可以有机会吃饭，而不会被她母亲弄得心烦意乱。露丝总是问很多次当日特价菜是什么，并且时不时弄丢或乱放餐巾。现在利昂坐在露丝旁边，她转而向他求助了。利昂表现出的耐心和自然流露出的关怀使玛格丽特很吃惊。

“露丝，你想喝点儿什么吗？”利昂问，他实际上是在“转译”侍者的问题。

“喝点儿什么？”

“对，冰茶还是葡萄酒？”

“噢，哈里，你知道我喝什么。”露丝带着利昂能想象出的最甜蜜的微笑说，用手轻拍着他的右手。

利昂看向玛格丽特，后者用口型告诉他：“冰茶。”

“好的，就冰茶吧，露丝。”

同时，玛格丽特在一张餐巾纸上写了一行字：哈里是我父亲……他们共同生活了45年。

利昂同情地点了点头 。

“妈妈，他是利昂，我的老板。不是哈里。”

“当然，亲爱的，利昂。”露丝拍着利昂的手说。利昂正在从地板上再一次捡起露丝滑落的餐巾，还给她。

这次晚餐就像一场慢镜头的电影，利昂有时会停顿一下，听露丝清醒地说起她在哪里长大，来这个社区多久了。她还问起了利昂的生意。然后没有任何预兆地，她又回到混沌的呆滞状态。

第二天早晨，玛格丽特走进利昂的办公室对他说：“昨晚太抱歉了。我妈妈一会儿清醒，一会儿糊涂。我们刚给她换用了老年痴呆症协会公布的基于最新研究的药品，看上去症状有所好转，起码刚用时这样。希望昨晚你没有感到太麻烦。”

“哪里的话，昨晚我非常高兴。你知道，我有大量照顾艾玛的经验。和你母亲相处我感到非常愉快，她真是魅力十足，她的微笑是那么热情。”

“谢谢，她也非常高兴。在昨晚回家的路上和今天早饭时她都在和我说这事。”

“或许我们哪天再聚一次？”

“当然，肯定的。”她笑着说，走回她的办公室。

接下来的几周，利昂、露丝和玛格丽特每周至少共进一次晚餐。很明显，利昂和露丝都很享受在一起的时光。一次晚餐后，当利昂帮助玛格丽特穿大衣时，露丝乐呵呵地坐在那儿胡思乱想。利昂问玛格丽特：“你觉得有没有可能我下次单独带你母亲出来？”

“你是说没有我？”

“嗯，对，我就是这个意思。”

“就像一次约会？”

利昂有点儿脸红：“我不知道该怎么形容，但我差不多想这样。”

现在轮到玛格丽特脸红了：“当然可以。”

“谢谢。”

9

愿景

当 J.C.从停车场向太平洋咨询公司的写字楼走去时，1 月的寒风刮过他的脸，把他的头发向后吹去，像一个机场的风向袋。他拉紧了外套领子。

“呼!”终于走进大楼，他放松地呼出一口气。大堂里温暖而舒适，他向镀铬电梯走去，按下了第 8 层的按钮。

J.C.提前到达会议室，他要为当天的活动布置会议室，摆好活动挂图，放好便利贴。玛格丽特也提前到了，和 J.C.聊了起来。

“玛格丽特，这些天怎么样？”

“很好，我每天都对利昂多一些了解。”

“他是个不一般的人。还有，他对你评价非常高。”

玛格丽特的脸立刻就红了。

就在这时，会议室的门开了，其他高管团队成员陆续到了。等到所有人都围着会议桌坐好，J.C.重申了一下规则：只有回答问题时才能发言；他只负责流程，其他人负责内容；提问之前的认真倾听非常重要。

“好，开始之前，请大家汇报一下任务的完成情况。”

利昂要求最后一个说。

不出所料，杰克第一个举手，他介绍了观察到的市场竞争情况。有几家咨询公司比太平洋咨询公司规模大，它们的市场份额占市场预估总量的 40%；规模小于太平洋咨询公司的 25 家公司占了 20%的市场份额；岩壁咨询公司和太平洋咨询公司所占市场份额接近，两家一共占 15%。

“干得好，杰克。你是否也观察了市场部，他们应如何努力，才能更强大、更有经验？”

杰克拍着自己的脑袋：“噢！我只顾着调研市场竞争情况了。”

在座的人都大笑起来。杰克就是杰克，大家在心里这么想。

“谢谢你。克拉拉，你呢？”

“我得到了一些相互矛盾的结果。”克拉拉说。她检查了公司的所有支持系统，发现各个系统都运行良好，但是都属于满负荷运行状态。如果公司进一步扩张规模或调整发展方向，这些系统都需要做重大的调整。在做下一步工作前，她必须对公司战略意图或方向有更多的了解。

接着，伊赛亚介绍，他与许多利益相关方进行了交谈，听取了他们很多关于战略规划的问题。因此，他研究了公司的战略规划——包括愿景的含义、价值观。他研究了许多战略规划模型。他说很多人都针对这个话题进行著述，战略规划领域的咨询公司比他想象的还要多。

然后他又说，他也研究了愿景和价值观。愿景是一种未来的理想状态，就像他们上次开会时和 J.C.一起讨论的那样。接着他仔细介绍了对大家目前工作的想法："我认为，我们的战略意图应该是在未来成为政府的金牌标准供应商，成为政府机构在 IT 系统集成咨询方面可以依赖的品牌，我们的工作将能够保证我们国家民主政治的延续和我国在世界舞台上的美好未来。"

"出色的工作。" J.C.说。

大家脸上的表情显示，他们也都被伊赛亚的描述打动了，特别是利昂。

"那么，玛格丽特，你呢？你有什么发现？"

"恐怕不太多。"玛格丽特解释说，公司里有些人曾经想过把公司的价值观和愿景表述固定下来，但由于当时的公司持有人太有创业精神了，所以选用哪种表述要看你哪周去和他谈（他的想法随时在变）!

"好吧，谢谢。桑迪，你有什么成果？"

"哦，我用了很短的时间对 SWOT 模型进行了研究，但还没有时间把它总结成一张图。抱歉。这期间我收到一封来自美国国税局的信，我必须抓紧时间调查并在限定的时间内给予回复。”

“当然，这应该优先处理。当潮汐向你涌来时，把沙滩椅收拾干净是无意义的！”

“不，我真的感到抱歉。”桑迪微笑着说。

“好了。那就是说我们有着非常清白的纳税记录。利昂，在我们开始下一轮讨论前，你有什么要说的吗？”

“现在没有。我觉得现在进行得很好，我希望照此推进。”

听到他这么说，J.C.在大家的注视下将那张大家非常熟悉的教练钟示意图挂在墙上。

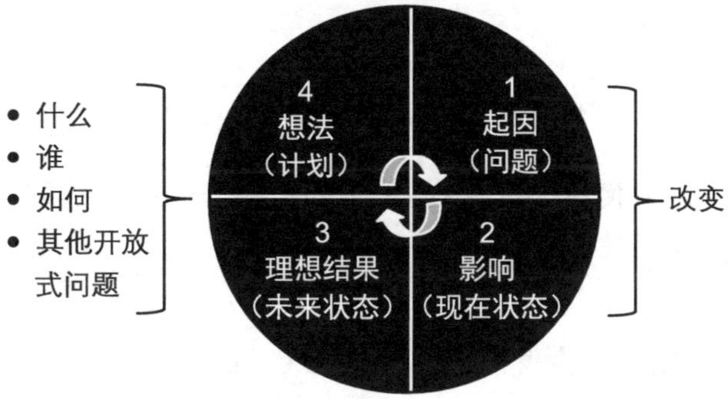

教练钟

他复述了一遍流程——四类关键问题（什么、谁、如何、其他开放式问题），还有四个象限（起因、影响、理想结果、想法）。

“在开始今天的讨论之前，我们对要讨论的问题都认同吗？”

一瞬间，大家都有些发呆。

“好，谁能清晰地复述一遍问题？”

玛格丽特打开笔记本念起来：

（1）利昂对太平洋咨询公司抱有很大的期望，他要求我们确定公司的愿景，并制定实现愿景的新战略。

（2）利昂非常关心太平洋咨询公司的未来。

（3）我们需要愿景，否则我们就不能和强大的对手竞争。

（4）这个愿景无论对客户还是我们团队自己，都必须是清晰的。

（5）如果我们自己都没有战略，我们怎么帮助别人理清愿景、制定战略呢？

利昂认为第 5 个与他的感觉最接近：我们如果自己都不能确定清晰的愿景和战略，如何能为客户提供咨询服务——帮助他们确定愿景和战略呢？对，我认为这对我来说是个大问题。

“记录得非常好，谢谢玛格丽特。”J.C.说，“好，我们继续领导力行动学习团队教练法。谁想第一个对别人或全部在场的人提问？”

第一个问题是一个基本问题：我们要走向哪里？这个问题及大家的回答引发了很多想法。大家认为，愿景、价值观和使命的表述对公司来说是极其重要的。因此，他们需要与所有的主要利益相关方、主要投资人及主要客户共同做 SWOT 分析。

在进一步探讨之后，桑迪答应将为此组织相关人士参加下一次会议。利昂还要求她作为首席财务官，协助他细化并充实 ESOP。桑迪笑着点头答应。

接着，J.C.问："还有更多的问题吗？"

伊赛亚提出了有关战略意图的进一步问题：我们究竟想怎么做？关于太平洋咨询公司的未来，他要求大家进行多种假设性讨论。

杰克说出了大家都想说的话："这听上去更像科学实验，而不是战略规划。你能说得更明白些吗？"

"基于我读过的那些资料，我认为这确实像科学实验。"伊赛亚解释道，假设是对你这么做或那么做会产生什么后果的一种猜想，如果你更换了生产线，根据现实环境和过去的经验，你认为市场会有什么反应？最好的方法就是通过研究过去来推断未来。

"因此，如果我认为我的女朋友喜欢玫瑰花，我就给她买一打红玫瑰。"杰克戏谑地说，"那我就有可能得到春宵一刻的机会了，对吗？"

伊赛亚微笑着说："呃，我是从企业的角度思考的，但我认为你说得对。"

然后伊赛亚严肃了一些，清了清喉咙说："杰克，想想正经的。"他举例说明，假设太平洋咨询公司经过多年研发，拥有了很多适用于政府客户的独特的解决方案。一个新的政府机构要求太平洋咨询公司提供一种更精细、全面性的方案。公司假设可以将现有的所有解决方案混合成一个复合方案，这个政府机构可能会喜欢这个方案。如果这个政府机构喜欢，太平洋咨询公司可以猜测或假设其他政府机构客户可能也会喜欢同一个方案。

“所以我们尝试着推销我们的‘新企业解决方案’，记录下客户喜欢什么，不喜欢什么。”伊赛亚说，“这样，我们就能修改和完善我们的方案。”

“精彩的举例，伊赛亚。”桑迪说，“非常精彩。”

玛格丽特问道：“我能对伊赛亚所举的例子发表看法吗？”

J.C.看了看大家的反应，说：“当然可以。”

“好的。那么，事实上，”玛格丽特说，“伊赛亚所举的例子可能真的说对了。”她停顿了一下。

J.C.等她说下去，制止了举手要求发言的杰克。然后玛格丽特继续说道：“我们的战略目标是成为政府 IT 解决方案的金牌标准供应商。如果我们通过研发，使我们的方案更精细、可升级且具有全面性，你们觉得怎么样？”

“说得好。”杰克说，大家大笑。

“玛格丽特，感谢你的洞察力。”J.C.说，“感谢玛格丽特，我认为我们发现了一个非常好的问题：是否值得开发一种可升级、全面性的解决方案？谁想说点儿什么？”

杰克又举起了手，大家又笑了。

讨论又进行了半小时，J.C.叫停了讨论，让大家考虑在下次会议前能做什么。每个人都主动要求承担一项任务。最后，克拉拉主动要求从今天起做会议记录，并发给所有人。

J.C.和大家确定了下次会议的日期，结束了本次会议。

10

一决胜负

利昂与他的律师保罗·雷赛，一起坐在行政法官座位面前的律师桌后，这是美国总审计局组织的开庭，用以解决岩壁咨询公司和太平洋咨询公司的纠纷。汤姆·格拉夫与他的律师，一位有魅力的女律师桑德拉·奥代并排坐着。格拉夫在她耳边窃窃私语，像个坏学生一样坏笑着。

当乔治·吉梅内斯法官出现时，所有人都起身站立，然后听法官指示坐下。法庭管理员朗读投诉书：

根据 1946 年颁布的行政程序法，所有联邦执行机构应依据政府利益最大化原则和公平原则对涉及所有相关方的规则和程序进行判决。今天的诉讼是岩壁咨询公司起诉太平洋咨询公司进行有目的性的干扰行为。

审判开始。很快，保罗·雷赛站起来为利昂进行辩护。他辩护说，在最近的 10 个政府合同中，岩壁咨询公司总是在太平洋咨询公司投标后的 1～2 周内投标，他将这种持续的行为做成了一张图表，提供给法官。

“更进一步说，岩壁咨询公司在每次竞标败给太平洋咨询公司后都会抗议，但该公司只对其他的丢标做过一次抗议，抗议的对象同样是我的客户利昂·鲍施所持有的公司。很明显，这是恶意报复和有目的的诉讼……”

“反对，法官阁下。对方律师试图丑化我的客户，而他没有足够的事实基础来支持他的人身攻击。”奥代说。

两位律师唇枪舌剑。最终，法官要求他们回到案件本身。15分钟后，保罗结束了发言并要求迅速宣判，因为这些毫无价值的起诉是在浪费时间，并且耗费了利昂·鲍施大量的金钱。

格拉夫的律师认为双方的业务在同样的领域——信息安全和云计算——开展竞争，这两个领域都是政府外包业务方面最热的领域，双方当然会发生碰撞。她总结道：“公平竞争使得这个国家的经济体系能够顺利运转。现在鲍施先生想遏制美国的市场活动，这是毫无意义的，法官阁下。”

经过了大量的辩论、争吵、分歧，午饭后，各方重新坐到法官面前。吉梅内斯法官是个魁梧的男人，声音低沉响亮。他身体前倾，看向汤姆，然后看向利昂。“先生们，我看过了双方的书面陈词，并研究了案情，还听取了你们的辩论。”

他停下来喝了一口水：“我还读了一份约翰·福莱斯利先生写的报告，他是本法庭的朋友，我们称他为‘法官的顾问’。福莱斯利先生是这类事件的专家，他是一家知名的政府外包公司的首席执行官。他是一名经历出色的专家，曾经创建并出售了两家大型政府外包公司，还在乔治·华盛顿大学教授政府外包。

“现在他的报告就在我面前，我还让另两名专家——都是外包领域的知名律师——在开庭前研究了这个案子。他们三人一致认为，包括我自己，在读了他们的报告并听了你们的辩论后也这么认为，格拉夫先生，法庭的意见是，你的行为是毫无价值的，属于恶意报复。”

汤姆·格拉夫的脸涨得通红，他怒视着法官，法官也瞪着他，直到他把目光移开。

“因此，本法庭的裁决是，完全支持鲍施先生和太平洋咨询公司的主张。”

利昂只是简单地点了一下头。

法官继续发言：“基于我的顾问们对案情的审查，发现了许多不当的行为，包括格拉夫先生违反了他与鲍施先生之间的一份保密协议，格拉夫先生可能犯下了恶劣的盗用知识版权的行为。法庭建议鲍施先生考虑收集岩壁咨询公司和格拉夫先生本人造成损失的证据，我很愿意将本案移交联邦法院。”

汤姆·格拉夫匆忙地记录着，手指着记录页给他的律师看。律师摇头说：“不。”这样的过程有好几次，律师一直试图集中注意力在法官身上。

“律师，你或格拉夫先生有什么要对法庭说的吗？”法官问。

“不，法官阁下。”奥代说，她瞪着他的客户，“不，我们没有要说的。谢谢，法官阁下。”

“很好，”法官说着转向保罗·雷赛，“雷赛先生，你或你的客户有什么要对法庭说的吗？”

雷赛看向利昂，利昂轻轻地、缓慢地摇了摇头。

“没有，谢谢法官阁下。”保罗回答道。

法官点点头，说：“那么我有几件事情说。第一，鲍施先生，法庭为联邦外包投标抗议体制给你带来的烦恼向你道歉。第二，格拉夫先生，法庭严厉地警告你，停止对鲍施先生持有、运营或有关联的公司的报复。我会一直关注此事。你不仅可能受到几项财务处罚，还有很大可能触犯了联邦民事法。你被正式警告了。”法官说完，敲了一下法槌：“本次开庭结束。”

当利昂次日上午进入公司办公室时，办公室里装饰着彩带，大家围成一个大圈正在鼓掌祝贺。一开始，利昂以为是办公室里某人过生日，但他立刻就意识到这是在为他祝贺。

大家拥抱了他，他只是简单地挥挥手，小声说着："谢谢你们。"

在点头微笑后，他走进了自己的办公室，关上门，疲惫地坐进椅子，叫来了医生。

11 

病情的发展

当他比现在年轻很多时，利昂像很多人一样，玩过“如果你只能活半年，你想做什么”的游戏。实际上，他想得很深，并把想法写在纸上，放在桌上的一个相框里。为了时时提醒自己，自从 50 年前列出了他的想法后，每周他都会挪动相框。令人惊讶的是，他的想法从未改变过。

当他在法庭上获胜的次日到达他的办公室后，他拿过已经褪色的相框默读起来：

只能活六个月，我要在死前成为下面这样的人：

（1）一个好商人。

（2）一个乐于奉献的丈夫和父亲。

（3）一个慈善家。

他静静地点头。以任何人的眼光来看，他已经成为一个成功并恪守商业道德的商人。他收购、出售过几家公司，每一家都很兴旺，员工过得很好，与社区也相处融洽。利昂在业务上是个安静而权力很大的意见人士，参与董事会事务，帮助很多年轻的商业领导者开启事业，任何时候当他发现业务被破坏了或有违商业道德时就会提出他的意见。当他离开太平洋咨询公司之前的那家公司时，他被称为“有勇气的男人”。

利昂在读到第二行时停了下来：“一个乐于奉献的丈夫和父亲。”他的眼里充满了泪水，他用手指擦了擦双眼。他回想起了艾玛生病时他每天和她一起与病魔做斗争，他对艾玛的照顾与日俱增，但她丧失了神智，就像溺水的人一样，他根本救不了她。他回想起她怀孕时带给他们的希望，以及后来两次流产带给他们的绝望，特别是第二次，那是他们最后的希望，之后她就做了紧急子宫切除手术。如果没流产的话，他们会有一个女儿。现在他抹着眼泪，但眼中的泪水奔涌而出，他坐在宽大的办公桌前失声痛哭。当他止住悲声时，他想到了玛格丽特和她的母亲露丝。露丝太像艾玛了，而玛格丽特，在那一瞬间，他感觉她是他那个未曾降世的女儿。随着他们之间关系的进展，这种感觉愈加强烈。

最后，他看向最后一行：“一个慈善家。”他回想起他服务过的众多非营利组织，大学时代他就开始参加“大哥哥计划”（美国知名的以辅助青少年为主的非营利组织）。他比这个城市里的任何人加入的非营利组织都要多，并且获得过很多奖项，他羞于将它们展示出来，所以就把一摞奖品盒子堆放在地下室。他生活得很好， 他一直认为他母亲教导他的话是有意义的：“回馈他人。”他也是这么做的。

就在这时，利昂听见了轻轻的敲门声，他对这个敲门声很熟悉。“进来，玛格丽特。”与平时相比，她今天显得喜气洋洋。

“今天感觉怎么样？”他有意识地问。

“感觉真好，谢谢！”

“你看上去比平时还要开心。”

她停顿了一下：“谢谢，我确实开心。”

“我能问一下原因吗？”

“我母亲刚刚被一个老年痴呆症药物试用计划所接收，这是一种超级新药的临床试验。我正在祈祷她试用的是有效果的药，而不是安慰剂。”

“祝贺你，”利昂说，他回忆起当年艾玛加入近似的研究计划时，他也同样欢欣鼓舞。后来事实证明，像很多老年痴呆症药物一样，那也是一个死胡同。“也许我们今晚应该吃饭庆祝一下？”

“那太好了！”玛格丽特微笑着说，从他桌子上拿起两份签好的合同，向门口走去。

这时利昂变得有点儿严肃：“玛格丽特，你能多待几分钟吗？我想和你谈谈。”他指向桌旁专为重要客人预留的椅子。

“当然可以。”她说着坐了下来，坐在这把特殊的椅子上，有点儿冒名顶替的感觉。

利昂开口道："今天早晨我见了我的医生。"

"我知道。"她轻声说。

利昂清了一下喉咙："我知道，你肯定奇怪我的右脚为什么会跛。很多人猜测是中风造成的，但出于礼貌都不会问。"

他犹豫着说："在我的大脑前部，这地方被称为前额皮质，有一个豌豆大小的瘤子。这个部位的大脑是控制情绪并编辑语言的，就像一个编辑在图书出版之前要审阅所写的内容一样。"

玛格丽特一下子瞪大了眼睛："噢，我的上帝！鲍施先生，我太抱歉了。"她说着用手捂住了嘴，眼泪涌出来遮住了她那清澈的蓝眼睛。

利昂继续解释，医生不确定情况有多糟糕。最终，他将不得不接受手术。但是利昂一直很乐观，他认为瘤子很小，而且在大脑中的位置也不危险。但是，就在他收购太平洋咨询公司之前，他发现不对劲了，他曾经轻度中风，这是他右脚跛的原因。中风之后他立即进行了治疗，这救了他的命。

"我告诉你这些私密的事情，因为你将在我们前进的过程中充当我真正的'右手'和'右脑'。我会在合适的时机告诉全体员工。你能为我保密并帮助我吗？"

"当然，鲍施先生。"

"谢谢你，玛格丽特。我非常感谢你。"

“别客气。”玛格丽特说，她站起身，以为可以走了。

利昂示意她坐下：“我想请你再帮我一个忙，我保证这是最后一个，起码是今天最后一个。”笑容浮现在他脸上，“我建议你去上弗吉尼亚大学达顿商学院的MBA课程。”

“MBA……达顿……我不确定我能行……我肯定没有那么多钱……我……”

“我已经做好准备工作了。”利昂说，“J.C.咨询过了，他认为你肯定能被录取。你肯定知道他在那儿教过几年书。”

她点头。

利昂继续说道：“当然，我们会给你留出上课和学习的时间，并且支付所有的费用。”

“鲍施先生……我，我的意思是，我不知道该说什么。”

“那就说好！”

“好！”

12 变化

在与玛格丽特谈完后，利昂要求伊赛亚有空时来他办公室一趟。20分钟后，高瘦的首席运营官来到利昂办公室门前，利昂示意他进来。利昂拉出椅子让他坐，又是他桌旁为重要客人预留的那把椅子。伊赛亚点头示意感谢，眉毛很快抖了一下，这就是他在别人面前表达激动的方式。

利昂开口道："我们两个人认识多少年了？"

伊赛亚努力回忆着，他说："如果算上我在大学时兼职为你工作，已经有12年了。"

"时光飞逝啊！我的上帝，12年，我们一起度过的时间超过了10年，是吧？"

"是的，"伊赛亚拖长了声音回答，好像在问："嘿，这是怎么回事？"

利昂非常了解他在想什么："以前你见过我做出鲁莽的决定吗？"

"不，利昂，嘿，我什么事情做错了或忘了做吗？我怎么觉得像在法庭上被问话。"

利昂脸红了，为他之前律师风格的话感到内疚："我道歉，我能明白你的感受。只是因为我心里有沉重的事情。"他说着停顿了下来。接着，他以缓慢、慎重的语气说道："我脑子里潜伏着一个瘤子已经好几年了，这就是我右脚跛的原因。今天早上，我的医生告诉我瘤子开始长大了，最终肯定需要做外科手术。"

这些话沉重地打击了伊赛亚，就像初次登台的拳击手受到重击一样："什么？利昂……上帝……我太抱歉了。"

"我很抱歉让你今天一开始就听到这些事情，但我想让你在高管团队其他人之前知道……除了玛格丽特，她也知道了。我告诉她是因为我准备让她成为我的大脑过滤器。鉴于瘤子的位置，我的医生告诉我，我可能会做出轻率的判断，这可能会影响公司。"

"我明白……就像一个大脑的裁判员？"

利昂微笑着："我觉得你可以那么称呼她。"

"另外，我会任命你为总经理。"

"利昂，没必要那么做。"

"当然有必要。"

利昂解释说，他本人将从日常运营中脱离并任命伊赛亚为总经理，相当于第二次并且是正式和公司告别。他不希望做任何可能伤害公司和员工的事情。因为不确定手术的时间，他不希望手术对公司造成负面影响。

“所以你将成为公司的第一道防线，玛格丽特是第二道。能理解吧？”

“明白了，但我感觉很难干。”

“别担心，有你掌舵我感觉很放心，特别是我以后还有那些不确定的事情。”

利昂伸出右手，两个男人紧紧握手，利昂伸出左手覆盖在紧握的两只手上，像父亲般拍着伊赛亚的手。

利昂又把玛格丽特叫过来，他把会谈地点挪到办公室后部的坐席区。“好了，那么对于今天就要开始的过渡，我们应该从哪儿开始？”伊赛亚问利昂和玛格丽特。

大约两小时后，还有很多问题不停地冒出来，特别是玛格丽特。利昂说道：“我想我要告知团队其余的人。我会预订下午 3 点的会议，我已经要求 J.C.也参加。”

伊赛亚看着玛格丽特，两个人都微笑着，他们知道利昂已经在脑中预演过这个场景，并且把时间安排精确到了小时！

利昂召开员工会议并不奇怪，因为他通常都会给出足够的提示，而且会议从来不会安排在周五下午或周一上午，还有 J.C.通常只参加行动学习法相关的会议。

大家落座后，利昂走了进来，这次他拄着一根拐杖。大家面面相觑。利昂费了点儿劲儿才在会议桌的一端坐下。

“谢谢大家一接到通知就来参会，还是在周五下午。我保证让你们按时回家与家人团聚。”

大家都谨慎地微笑了。

“这次会后，我会以邮件的形式发布一些重要通知。”

他介绍了他脑瘤的情况。

每个人，包括伊赛亚和玛格丽特，在利昂告知他的健康状况后，都表现得很悲伤。第二次听到这个消息，并不能减轻对他们两人的打击。

作为总是第一个发言的人，杰克说：“我的上帝啊，利昂，太可怕了！”

利昂点点头，就像接受恭维一样。

克拉拉抹着眼泪。桑迪呆呆地凝视前方。

“我告诉你们这些，是为了让大家准备好作为一个团队向着战略目标前进。所以，我的计划是：首先，我已经要求 J.C.继续带领大家完成战略计划的教练过程，这会引导我们走一条清晰的道路，越过障碍，实现梦想。”

所有人都对 J.C.点头示意，看上去大家都很赞同这个想法。

“好，下面我要宣布从下周一起，伊赛亚将成为太平洋咨询公司的总经理。”

高管团队的成员都看向利昂，然后看向伊赛亚。伊赛亚被这个宣布和大家的注视弄得有些尴尬，他向大家微微鞠躬示意。

“你们大多数人都知道我和伊赛亚认识超过 10 年了。我最信任的就是他。”

然后利昂解释了玛格丽特的角色，以及他需要伊赛亚和玛格丽特作为公司的双重防护。

“但是，利昂，你是不是有点儿操之过急了？”桑迪说，“我对伊赛亚和玛格丽特有充足的信心，而且你知道你可以信任在座的每个人。但是在还不清楚结果前就改组……”她猛然停下，没把话说完。

“桑迪，我知道这个情况已经有一段时间了，只是现在症状更明显了。就当这是一次交接吧。”他微笑着说， 桑迪边抹眼泪边点头。

13 

计划

六个月过去了，发生了很多事。

利昂接受了肿瘤摘除手术。大夫说瘤子差不多有一颗葡萄大小，已经开始影响利昂的决策和平衡能力。手术后，他的语言功能肯定受到了损坏，需要几个月的专门语言训练和物理治疗。一个护士全天照顾他，玛格丽特总是在公司、医院、利昂的家之间来回奔波，尤其是在那些关键的日子。当利昂开始恢复身体机能时，她给他念公司的会议记录，告诉他公司发生的事情，并记下他给不同人传递的信息。她就是他的眼睛和耳朵、手和脚。

利昂的身体在逐渐恢复，他请玛格丽特带她母亲来看他，露丝开始每周日都和玛格丽特来探视利昂。那时，利昂还坐在一把舒服的椅子里，可以在助步车的帮助下行走。但每次玛格丽特母女一起来的时候，利昂都会花好几小时和护士一起做准备：穿衣，刮胡子，坐在他的皮靠椅里等她们到来。好像他每周的生活目标就是为了周日这一天。每周，利昂看上去都更自信和快乐，他的朋友和得到他捐助的人也是这样。

实际上，相对于手术的危险程度和他的年纪，医生不仅对手术效果很满意，对他的恢复情况也感到吃惊。当然，利昂将他的恢复良好归功于除他自己外的每个人：医生、护士、玛格丽特和公司员工。但是包括他优秀的高管团队在内的所有人都知道，利昂·鲍施能够迅速恢复的关键，在于他那永不气馁的精神力量。

高管团队齐心协力实施了旨在使太平洋咨询公司成为与客户、员工和投资人都能同步共赢的“声名显赫的公司”的计划。实际上，“同步”已经成为公司的口头禅。如果什么事情开始偏离正常轨道了，高管团队中的某个人就会说：“我觉得我们没有同步。”所有人都会迅速了解到具体情况。

计划确定了公司增长的两个领域：信息安全咨询和云计算咨询。因此，伊赛亚决定投入重金对员工进行该领域的教育和培训。人员招聘集中在有合适的背景和符合太平洋咨询公司的企业文化的人身上。公司在硬件和软件这两个重要方面均进行了投入，将各项技术统一标准。新的业务模式和流程已经开始运行，用以满足不仅是政府还有私人部门的需求。因为伊赛亚认为“政府加私人部门”这一更加多元化的客户组合，能够确保公司的未来。J.C.吃惊于伊赛亚的洞察力，每次团队会议后，他都会更加欣赏伊赛亚。

8 月，玛格丽特开始在达顿商学院学习。班里主要是男性学员，只有 10 名女性学员，她喜欢所有的同学。女同学之间的关系很快变得亲密起来。玛格丽特要学的东西太多了，以至于她有时觉得脑袋要爆炸了。案例分析、情景模拟、小组研究，每一样都让她感到兴奋，拓宽着她的思维。她学到的东西，周一就能在办公室里用到。利昂也欣喜地看到，一周又一周，这个令人惊叹的姑娘正在变成一个真正的领导者。

伊赛亚在未来首席执行官的角色上已经走上正轨。利昂之前已经把他送到沃顿商学院和哈佛大学学习高级领导力和战略课程。这种每次1～2周的课程符合他的学习需求。另外，他还能带上他的自行车。作为一个有追求的自行车选手，伊赛亚利用这些工作间歇期的学习充电时间在全美各地进行艰苦的自行车训练。他爱上了剑桥，在沃顿也遇到了一些一同骑车的有趣的家伙。生活是美好的，利昂发现伊赛亚非常愿意听取不同意见，以及与别人不断地讨论问题。

克拉拉正在成为公司真正的领导者，而桑迪成了她的良师。两人开始在下班后参加社交，甚至在夏天还去海边一起过了几个周末。

杰克呢？他在会议上还是那个情绪催化剂，但他也学会了多倾听。利昂承担起了做他工作上的指导员的工作，这项工作的效果让利昂和杰克都极其满意。

利昂认为计划开始见到成效了，太平洋咨询公司开始变得成熟，因为员工决定共同向着新的、更艰巨的目标进发。每个人都能看到其他人的优点，并利用它。客户开始感受到公司强大的领导力发出的“无线信号”（利昂这么形容）。

就像他在最后一次与高管团队的会议上所描述的："卓越的领导者会向周围的人发出信号，就像'无线信号'。科学的解释是，我们每个人的反射神经元都能够接收到其他人的情感无线信号，而领导者是超级发射器。别人能够感觉到他们强大的信号并迅速适应。"

他解释说，因为上述原因，当你拥有了一个由领导者组成的团队时，团队发出的信号会非常强烈，客户、员工、投资人，甚至竞争对手都会感受到并顺从于这种信号。卓越的领导者真的会与环境产生共鸣。

"你们这些天真的人产生了共鸣，这让我感到骄傲。"利昂笑着说，嘴角咧到了极限。

几个月过去了，他开始行走，身体也变得更强壮。利昂越来越多地花时间陪伴露丝。两个人已经成了好伙伴，一起静静地享受晚餐，散步的时间越来越长。在相处的过程中，利昂发现，随着他身体越来越好，露丝对事物的认知能力却在衰退。她失忆的情况更加频繁地发生，短期记忆能力几乎全部丧失。实际上，她几乎每次都称呼利昂为"哈里"——她过世丈夫的名字。利昂一点儿也不在意，事实上，他对此感到很荣幸。

一天下午，利昂对玛格丽特说露丝的病情在恶化，他要承担露丝的护理费用。"绝对不行，"在他表达了这个意思后，玛格丽特坚决反对，"我自己能负担她的护理费用，谢谢你的慷慨。"

"但是，她对我来说，就像艾玛一样……我坚持我的想法。"

“以后再说吧，但我不喜欢这个想法。你为我和我的家庭已经做了太多。”

“玛格丽特，你们对我来说就是家。”

14 尾声

随后的几年，太平洋咨询公司发生了巨大的变化。

在做完手术一年后，利昂很明显地开始将生活节奏放慢，他担任了公司的董事长，也住进了露丝所在的那家生活照料机构，就住在露丝走廊对面的房间。两个人每顿饭都一起吃，形影不离。

伊赛亚成为首席执行官，在新岗位上感觉很好。但他还是怀念与他导师似的顾问利昂每天交流的日子。现在他每周都和利昂一起喝咖啡。在升任首席执行官之前，伊赛亚任命桑迪担任总经理职务，后者已经全身心地投入新的、更多经营性质的角色。更幸运的是，桑迪把克拉拉任命为首席财务官，所以过渡很平稳，几乎不费力气。

杰克继续做市场销售总监，他在商会和其他几个重要的社团组织中很活跃。他在伊赛亚的领导和持之以恒的帮助下，已经开始充分展现能力，去年，公司的销售额增长迅猛。

J.C.向伊赛亚介绍了另一位教练玛利亚・里斯本以替代他本人的工

作。J.C.爱上了玛格丽特，从职业道德上来说，他不想将团队教练工作与他对玛格丽特的感情混为一谈。在他辞去团队教练工作之后，他和玛格丽特开始约会。

玛格丽特从达顿商学院以班里第一名的成绩毕业。事实上，在弗吉尼亚大学罗通达厅举行的毕业晚宴上，她被选为班级发言人。J.C.到场与他的前同事欢聚，感觉就像从没离开过一样。但是，尽管他们用尽甜言蜜语劝他回学校，他都拒绝了，他更喜欢他所说的“在真实的领导力世界里工作”。

最后，圣诞节时，J.C.向玛格丽特求婚了。此前他与利昂和露丝谈了一次。露丝愉快地笑着，仍然称利昂为哈里。

作者的专业领域

➲ 激动人心的演讲

史蒂夫·格莱迪斯的发言激发灵感，引人入胜，动力十足。演讲场合如下：

- 公司会议。
- 早餐、午餐或晚餐，主题演讲。
- 领导者的休养所。

“了不起的演讲家，使人愉悦，知识广博。在听他的演讲时，时间不知不觉流逝，我收获良多。”

——美国银行的听众

➲ 领导力培训和发展活动

- 为你的组织的特别需求量身定制的专题活动课程。
- 专题活动时长可以根据课程目的和日程而灵活定制。

“非常棒的课程，有活力的导师。我学到了很多新的观点和实用技巧。”

——美国政府问责办公室的活动参加者

➲ 高管教练

史蒂夫·格莱迪斯给很多企业和公共服务/政府部门的高管上过教练课，包括：

- 首席执行官。
- C 级高管。
- 高管团队。

作者其他著作介绍

《机敏的领导者》
（*The Agile Leader*，HRD 出版社，2011 年）

领导力虚拟案例：《机敏的领导者》是关于一个领导者卢克·霍普金斯的故事。他领导着一个全国销售团队。当他开始做出改变，驱动团队完成企业的销售目标时，他遇到了冲突、抵抗文化，以及所有领导要想成功就必须驾驭的公司政治。曾是大学橄榄球队优秀四分卫的卢克去找他的老教练丹弗斯，但发现丹佛斯教练已经死了。然而丹佛斯教练将他最后一本“领导者剧本”给了他的女儿艾莉森。艾莉森和卢克建立了深厚的友谊，卢克运用丹佛斯教练“领导者剧本”里的原则，学到了应对美国企业里的复杂世界的本领。任何新领导者和有经验的领导者读了这本书后都会清晰地认识到，卢克面对的所有挑战正是他们所要改变的。

《受信任的领导者》
（*The Trusted Leader*，HRD 出版社，2010 年）

领导力虚拟案例：《受信任的领导者》是关于一个年轻的新领导者卡洛斯·洛佩斯的故事。他获得升职，被任命监督他的同事们。他的老板对于如何做管理给了他自相矛盾的建议。困惑的卡洛斯找到了他所知道的最好的领导者——教练杰克·邓普西。两人约定定期在当地一家餐厅会面，讨论领导力。教练教导卡洛斯如何做领导，而卡洛斯和教练互相了解对方的秘密，以及悲伤的、对个人有决定性影响的过去。最终，教练教会卡洛斯“信任三角形”，这是领导力成功的关键。

《透明的领导者》（*The Transparent Leader*，HRD 出版社，2009 年）

商业领导力虚拟案例：《透明的领导者》讲述了一个聪明的新领导者斯蒂芬妮·马库斯在充满挑战的商海里奋斗的故事。幸运的是，她遇到了卢·唐纳德森。卢扮演了朋友、非正式教练和良师的角色，指导斯蒂芬妮在复杂的商业生态环境中生存。在这个环境中，斯蒂芬妮找到了自我。在整个故事中，斯蒂芬妮学会了领导力清晰沟通的技巧。她不断适应、改变，最终成为一个更加透明、明朗、开放的领导者。同时，她了解了卢的私人故事，她彻底地折服于他的智慧。这是一本适合在领导者岗位上的女性阅读的好书。

《企业森林里的高管教练》（*The Executive Coach in the Corporate Forest*，HRD 出版社，2008 年），由世界顶级高管教练马歇尔·戈德史密斯作序

一个商业虚拟案例：《企业森林里的高管教练》讲述了一个年轻的、有天赋的高管教练 J.C.威廉姆斯的故事。描写了他与一些面对各种挑战的、有趣的商业客户之间的教练关系。该书讲述了一些引人入胜的故事、真实的人物性格和现实中存在的问题，并详细描述了教练架构和各流程环节的内容。该书适于快速阅读，便于读者理解高管教练流程。

《意外成为领导者的旅程》
（*The Journey of the Accidental Leader*，HRD 出版社，2008 年）

一个商业虚拟案例：《意外成为领导者的旅程》讲述了一个不想当领导也从未要求当领导的年轻人，像很多人一样被硬推上领导者岗位的故事。他的所作所为和反应使这本书既有娱乐性又内容丰富。

《商业生存写作》
（*Survival Writing for Business*，HRD 出版社，2005 年）

要写好，就要写得清晰、简洁。该书介绍了该“如何写”，而不是通篇胡言乱语的成功写作的方法。

《经理人的公开汇报口袋指引》
（*The Manager' Pocket Guide to Public Presentations*，HRD 出版社，1999 年）

这本书对那些对公开做汇报不熟悉或感到恐惧的经理人和高管来说，是一本不可或缺的工具书。它能帮助任何一个经理人学到公开发言所必需的技巧。基于公认的理论和实用的修辞，这是一本简单的、可以快速阅读的书。它能够帮助读者建立自信，帮助经理人战胜对公开讲话的焦虑。

《经理人高效写作口袋指引》

（*The Manager's Pocket Guide to Effective Writing*，HRD 出版社，1999 年）

在商业的各个层面，写作沟通都是非常常见的，特别是经理级别。你的写作可能语法正确，逻辑合理，但有效率吗？你的写作是否简明、精确地传达了你的想法？如果是，那你就是高效的沟通者。不论你是管理一群写作者的经理还是仅对提高写作水平感兴趣的个人，《经理人高效写作口袋指引》都能以轻松、实用、逐步指导的方式帮助你更好地写作，最终让你的写作给别人留下更好的印象。

《写作类型：个性类型和写作风格》

（*Write Type：Personality Types and Writing Styles*，HRD 出版社，1994 年）

基于个人不同的个性风格，该书为四种基本类型的作者提供了新的战略：通信员、技术作者、创造性作者和分析型作者。每个人都能对应一种本书定义好的写作“类型”。一旦读者了解了自己的写作个性并遵从书中建议的写作流程，他们会发现写作变得更轻松了。

反侵权盗版声明

举报电话：（010）88254396；（010）88258888
传　　真：（010）88254397
E-mail：　dbqq@phei.com.cn
通信地址：北京市万寿路 173 信箱
　　　　　电子工业出版社总编办公室
邮　　编：100036